Die Ostseeküste von Eckernförde bis Kiel

Hans-Dieter Reinke

Ellert & Richter Verlag

Inhalt

„Naturlaub" in Schleswig-Holstein 5

**Die Natur als Landschaftsgestalter: zur
Geologie und Landschaft in Schleswig-Holstein** 10

**Begegnung von Nord und Süd: schleswig-holsteinische
Geschichte** 18

Ostsee: Schutz und Schmutz 24
Zur ökologischen Situation der Ostsee 24
Lebensgemeinschaften und Lebewelt 28

Eckernförde 33
Wanderung
   Rund ums Windebyer Noor 37
Radtour
   Eckernförde – Ludwigslust – Waabs –
   Loose – Eckernförde 39
Restauranttips 46

Naturpark „Hüttener Berge" und Nord-Ostsee-Kanal . 48
Naturpark „Hüttener Berge" 48
Nord-Ostsee-Kanal (NOK) 53
Wanderungen 57
   Rund um den Bistensee 57
   Am Aschberg 59
Radtouren 65
   Hüttener Berge 65
   Nord-Ostsee-Kanal und alter Eiderkanal 72

Inhalt 3

Naturpark „Westensee" 78
Wanderungen 82
   Drei-Seen-Wanderung: Großer und Kleiner
   Schierensee und Westensee 82
   Tüteberg bei Westensee 86
   Naturschutzgebiet „Methorst- und Rümlandteich",
   Abstecher nach Emkendorf 88
Radtouren 94
   Rund um den Westensee 94
   Westensee bis Brahm- und Wardersee 100

Kiel und Dänischer Wohld 105
Kiel: die Landeshauptstadt 105
Dänischer Wohld 111
Wanderungen 113
   Am Naturschutzgebiet „Bewaldete Düne
   bei Noer" 113
   Steilküste bei Dänisch-Nienhof 118
   Gut Knoop und Nord-Ostsee-Kanal (NOK) 121
Radtour 127
   Dänischer Wohld 127
Restauranttips 135

Ausflüge in die Umgebung 138
Das Dosenmoor bei Neumünster: bedeutender
Hochmoorrest in Schleswig-Holstein 138
   Wandervorschläge 140
Restauranttips 144
Geestlandschaft pur: der Naturpark „Aukrug" 145
Restauranttips 149
Wo Adebar zu Hause ist: Storchendorf Bergenhusen
und Sorgeniederung 150
Auf einer Insel in der Marsch: die holländische
Siedlung Friedrichstadt 155
Restauranttips 159

4 *Inhalt*

Der besondere Tip 160
Von Auerochse bis Zackelschaf: seltene und
gefährdete Haustierrassen im Haustier-Schutzpark
Warder 160
Schleswig-Holstein auf 70 Hektar:
das Freilichtmuseum Molfsee 164
Restauranttips 169

Termine zwischen Eckernförde und Kiel 170

Informationen von A bis Z 173

Literatur und Karten 190

Ortsregister 194

Impressum/Bildnachweis 200

„Naturlaub" in Schleswig-Holstein

Die Eiszeiten haben in Schleswig-Holstein als Landschaftsgestalter ganze Arbeit geleistet. Das von der letzten Eiszeit (Weichselglazial) gebildete östliche Hügelland, das etwa von der Ostseeküste bis zur Linie der Städte Flensburg–Rendsburg–Ahrensburg reicht, bietet dem Besucher des nördlichsten Ferienlandes der Bundesrepublik eine abwechslungsreiche und liebliche Landschaft:
Neben den stillen Förden, weiten Sandstränden und baumbestandenen Steilufern an der Ostsee finden wir im Hinterland eine sanft wellige, bisweilen hügelige Jungmoränenlandschaft, in die zahlreiche Wiesen, Felder, Wälder und Knicks eingestreut sind. Letztere sind eine Besonderheit der schleswig-holsteinischen Landschaft.
Diese freiwachsenden Wallhecken, die ursprünglich zur Einkopplung des Grund und Bodens der Bauern dienten, wurden in den letzten Jahrzehnten aufgrund der Intensivierung der Landwirtschaft leider um rund 30 000 Kilometer gekürzt. Die Knicks stellen Lebensraum und Rückzugsgebiete für eine vielfältige Tier- und Pflanzenwelt dar. Dieser wichtigen ökologischen Funktion wird inzwischen durch eine Unterschutzstellung dieser Wallhecken Rechnung getragen.
Auch die Ergänzung des Landschaftsbildes durch viele kleinere und größere Seen, insbesondere in den Naturparks, wurde von den eiszeitlichen Kräften nicht vergessen. So laden nicht nur Strand und Steilufer der Förden zu beschaulichen und naturkundlich interessanten Wanderungen ein, sondern auch die bewaldeten mit Röhricht oder angrenzenden Weiden bestandenen Ufer der Seen. Auch an den Ufern des alten „Eider-Kanals" und des modernen Nord-Ostsee-Kanals läßt es sich herrlich wandern. Über allem steht der

"Naturlaub" in Schleswig-Holstein

Die sanft hügelige, mit Knicks und kleinen Gehölzen durchsetzte Jungmoränenlandschaft, wie hier in den Hüttener Bergen, lädt zu beschaulichen Wanderungen und Radtouren ein.

„Naturlaub" in Schleswig-Holstein

hohe Himmel mit den für die schleswig-holsteinische Landschaft bekannten aufgetürmten, vielfältigen Wolkenbildungen. In dieser weiten Landschaft und in solch klarer Luft lassen sich ebenso klare Gedanken fassen und Ruhe und Zerstreuung finden.

Auch in früheren Zeiten beeindruckte Schleswig-Holstein durch seine Natur. So schreibt der Dichter Matthias Claudius, vielen durch sein Gedicht „Abendlied" („Der Mond ist aufgegangen, die gold'nen Sternlein prangen am Himmel hell und klar [. . .])" bekannt, im Jahre 1791 in einem Brief vom im Westenseegebiet gelegenen Gut Emkendorf: „Es ist hier unbeschreiblich schön. Wir gehen und fahren alle Tage spazieren und können doch nicht fertig werden, es bleibt doch viel Schönes ungesehen. Das Emkendorfer Gut ist wohl vier Meilen im Umfang und hat Berg und Tal, Seen und Wälder von schönen, dicken Buchen und Eichen." Matthias Claudius war oft zu Gast bei dem gräflichen Paar Julia und Fritz Reventlow in Emkendorf und gehörte zum „Emkendorfer Kreis", in dem sich eine Vielzahl von Gelehrten, Dichtern und Denkern der damaligen Zeit zusammengefunden hatte. Das Herrenhaus Emkendorf steht aber auch heute noch für Kultur in Schleswig-Holstein: Hier finden alljährlich Konzerte des landesweiten „Schleswig-Holstein-Musikfestivals" statt. Schlösser und Herrenhäuser, Kirchen, archäologische Denkmäler, Museen, Ausstellungen und Konzerte findet man über das ganze Land verteilt, und sie haben dem Kulturbegeisterten einiges zu bieten.

Der „Naturlauber" – und als solche bezeichnen sich inzwischen zwei Drittel der Schleswig-Holstein-Urlauber – findet zwischen und an den Meeren ein ideales Gebiet, Natur und Landschaft zu genießen und eine vielfältige Tier- und Pflanzenwelt zu entdecken. Damit der Besucherandrang in der unberührten Natur dieser nicht zum Nachteil gereicht, haben die wichtigen Naturschutzverbände in Schleswig-Holstein und der Fremdenverkehrsverband des Landes gemeinsam die Broschüre „Natur und Urlaub in Schleswig-Holstein" herausgegeben, in der viele Informationen zu Gefährdung und Schutz der Natur und wichtige Hinweise zum möglichst umweltverträglichen Verhalten zusammengefaßt sind.

Auch die Landesregierung in Schleswig-Holstein hat das steigende Interesse der Besucher an Naturerfahrung erkannt und weiß um die Stärken, die sich für das Land als Urlaubsregion gerade hieraus ergeben. Es ist bekannt, daß eine ganze Reihe ökologischer Probleme aus einer zu großen Zahl von Touristen resultieren können. Der sogenannte „Sanfte Tourismus" soll in Schleswig-Holstein mehr als ein werbewirksames Schlagwort tourismuspolitischer Konzepte sein. Er soll zu einem Markenzeichen des Urlaubslandes Schleswig-Holstein werden.

Im Rahmen dieser Fremdenverkehrskonzeption wird beispielsweise das Radfahren und Wandern als umweltverträgliche Freizeitaktivität gefördert. Radwegeausbau, bessere Beschilderung, Vorfahrt für Radler in den Städten und erleichterte Fahrradmitnahme im öffentlichen Nahverkehr sollen das Radfahren noch attraktiver machen. Es gibt vielversprechende Ansätze einer Fahrradmitnahme im Bus, wie es in Nordfriesland oder auf der Strecke rund um den Westensee derzeit versucht wird. Durch Unterstützung solcher Versuche und der Forderung nach zügigem Ausbau weiterer umweltfreundlicher Aktivitäten kann jeder im Urlaub einen kleinen Beitrag zum Umweltschutz leisten.

Als Fahrradland nimmt Schleswig-Holstein im Bundesgebiet einen Spitzenplatz ein. Der Ostseeküstenbereich und die Naturparks eignen sich vorzüglich hierzu: Die Steigungen sind zu bewältigen, und der Wind, der ja leider nur allzuoft von vorne bläst, ist im Vergleich zu dem an der Nordsee geradezu harmlos. Zudem kann man häufig im Windschatten der Knicks entlangradeln und dabei die vielgestaltige Landschaft genießen.

Die Natur als Landschaftsgestalter: zur Geologie und Landschaft in Schleswig-Holstein

Heutzutage ist in Schleswig-Holstein wie fast überall der Mensch Hauptlandschaftsgestalter – man denke nur an Straßen, Gebäude, Deiche, Forst- und Landwirtschaft und Rohstoffnutzung – aber die Natur ist ebenfalls nach wie vor tätig. Dies gilt insbesondere für die Küsten. An den Steilufern der Ostsee, die zum Teil über 20 Meter hoch sein können, führen Wellenschlag und Brandung zum Abtrag der Kliffs. Das fortgespülte Sand- und Geröllmaterial wird vom Ostseewasser abtransportiert und an anderen Stellen der Küste wieder abgelagert.

Mit diesem Material können sich an Buchten Strandhaken und Nehrungen bilden. Dadurch wird die Bucht allmählich zum Haff. Wenn ihr gegenüberliegendes Ufer erreicht wird, hat sich ein Strandsee gebildet, der im Laufe der Zeit vom Brackwasser- zum Süßwassersee wird. Der Stein- und der Graswarder bei Heiligenhafen demonstrieren in eindrucksvoller Weise diese Landschaftsentwicklung an der Ostsee.

Aber auch an der Schleimündung und beim Schwansener See finden wir schöne Beispiele für eine Ausgleichsküste. So nämlich nennt man einen Küstenabschnitt, an dem die Küstenlinie durch Abschnüren von Buchten oder Förden ausgeglichen wurde.

Im Binnenland haben sich nacheiszeitlich durch verlandende Seen Flachmoore entwickelt, aber auch andere Landschaftselemente wie Binnendünen, Hochmoore und Heiden sind entstanden. Letztere können sich jedoch, außer an den Küsten, nur durch menschliche Pflege (Beweidung, Abbrennen, Abplaggen etc.) dauerhaft erhalten.

Die Natur als Landschaftsgestalter 11

Vom 88 Meter hohen Tüteberg (Endmoräne) hat man einen schönen Blick über den Westensee, der, ebenso wie die meisten anderen Seen Schleswig-Holsteins, durch die Eiszeiten entstanden ist.

12 Die Natur als Landschaftsgestalter

Hauptlandschaftsgestalter in Schleswig-Holstein waren allerdings die Eiszeiten. Während dieser Kaltzeiten haben skandinavische Eismassen Erdmaterial vor sich hergeschoben und im Bereich des heutigen Schleswig-Holstein abgelagert. Ohne diese eiszeitlichen Aktivitäten würde Schleswig-Holstein heute nur aus einigen kleinen Inseln bestehen, die von der großflächig verbundenen Nord- und Ostsee umspült werden würden.

Von den verschiedenen Eiszeiten haben im wesentlichen die beiden letzten das Landschaftsbild Schleswig-Holsteins wesentlich beeinflußt: das Weichselglazial (ca. 80 000−15 000 v. Chr.) und das Saaleglazial (ca. 200 000−125 000 v. Chr.). Während des Saaleglazials hatte das Eis seine größte Ausdehnung, und die Landschaft, die sich im Westen an die Marsch anschließt, die sogenannte Hohe Geest, zeigt noch Ablagerungen aus dieser Zeit. Im Weichselglazial hingegen erreichten die aus dem Norden heranrückenden Gletscher nur die Mitte Schleswig-Holsteins, etwa in der Linie der heutigen Städte Flensburg−Rendsburg−Ahrensburg. Spuren früherer Eiszeiten wurden durch die letzte Kaltzeit überrollt, so daß die östlich der oben erwähnten Linie gelegene Landschaft, das östliche Hügelland, eine reine Bildung des Weichselglazials darstellt.

Ebenso ist die Landschaft, die sich westlich dieser durch das Weichselglazial gebildeten Linie anschließt, durch die letzte Eiszeit entstanden. Diese flache Landschaft, die als Niedrige Geest (Vorgeest) bezeichnet wird, ist nicht durch direkten Einfluß des Eises entstanden, sondern durch Schmelzwassersande (Sander). Schmelzwasser konnten durch ihren hohen Fließdruck die Endablagerungen der letzten Eiszeit durchbrechen, haben sich dann fächerförmig ausgebreitet und das mitgeschwemmte Gesteins- und Sandmaterial abgelagert. Dabei legten sie zunächst die großen Gesteinsbrocken und dann allmählich die leichteren und kleineren Gesteinsteile und Sandkörner ab. Diese auch als Sandergeest bezeichnete Landschaft in der Mitte Schleswig-Holsteins erstreckt sich zwischen den Ablagerungen der letzten Eiszeit und der sich im Westen anschließenden Hohen Geest, die ein Produkt der vorletzten Eiszeit darstellt.

Der Name Geest leitet sich vom friesischen Wort „güst" ab, was „unfruchtbar", „karg" bedeutet und bereits darauf hinweist, daß die landwirtschaftliche Nutzung durch die vielen sandigen Böden hier erschwert ist. Von besonderer Bedeutung sind die zahlreichen Kiesgruben in der Geest, in denen Gestein, Kies und Sand verschiedener Größen und Körnungen abgebaut werden.

Nachdem wir die grobe naturräumliche Gliederung Schleswig-Holsteins durch die Eiszeiten kennengelernt haben, wollen wir uns einigen besonderen landschaftsbildenden Tätigkeiten der letzten Kaltzeit im östlichen Hügelland zuwenden: Es sind insbesondere die Förden, die Berge, Hügel und zahlreichen Seen, die durch den Landschaftsgestalter Eiszeit entstanden sind.

Das Geröll- und Gesteinsmaterial, das die vorrückenden Eismassen durch ihre unvorstellbaren Kräfte vor sich herschoben, wurde zunächst bis dort abgelagert, wohin das Eis während seiner größten Ausdehnung vorrücken konnte. Diese Ablagerungen werden als „Endmoränen" bezeichnet. Sie können bei uns über 100 Meter Höhe erreichen. Schöne Beispiele für Endmoränenbildungen der letzten Eiszeit finden wir in den Fröruper Bergen südlich von Flensburg, in den Duvenstedter Bergen des Naturparks „Hüttener Berge" sowie am Westensee.

Mit dem Zurückweichen des Eises wurde auch mitgeführtes Material als sogenannte „Grundmoräne" abgesetzt, wodurch die flachwellige Grundmoränenlandschaft, die wir in weiten Teilen des östlichen Schleswig-Holsteins finden, entstehen konnte.

Die Moränen des östlichen Hügellandes werden, als Bildungen der letzten Eiszeit, auch als „Jungmoränen" bezeichnet und so den „Altmoränen" des Saaleglazials, die wir in der Hohen Geest antreffen, gegenübergestellt.

14 Die Natur als Landschaftsgestalter

Die naturräumliche Gliederung Schleswig-Holsteins.

Die Natur als Landschaftsgestalter 15

Da das Zurückweichen des Eises nicht kontinuierlich vonstatten gegangen ist, sondern durch gelegentliches erneutes Erkalten das Eis wieder etwas vorrücken konnte, kommt es im gesamten Jungmoränenland zur Bildung von kleineren Endmoränen und Sandern.

Der Osten Schleswig-Holsteins ist eine besonders seenreiche Landschaft. Auch hieran war die Eiszeit nicht schuldlos, wenngleich viele Seen nacheiszeitlich wieder verlandet sind. Beispiele für eiszeitlich entstandene Seentypen sind die Zungenbecken- und Rinnenseen.

Zungenbeckenseen entstanden während des Zurückweichens des Eises beim erneuten Vorrücken einzelner Gletscherzungen. Das vorrückende Eis konnte Erdmaterial von der Oberfläche abschieben, und während das entstandene Becken sich mit Wasser füllte, lagerte sich das aufgeschobene Erdmaterial unweit des neuen Sees als Moräne ab. So ist z. B. das Moränenmaterial des Tüteberges das aufgeschobene Erdmaterial aus dem Westensee. Als gutes Beispiel eines Zungenbeckensees gilt auch der Wittensee im Naturpark „Hüttener Berge". Die westlich des Sees gelegenen Endmoränen der Duvenstedter Berge stellen das Aushubmaterial des Wittensees dar.

Rinnenseen hingegen entstanden durch die auswaschende Tätigkeit von Schmelzwassern. Sie sind als Seenketten oder als langgestreckte Seen ausgebildet. Der Langsee in Angeln und der Flemhuder See am Nord-Ostsee-Kanal sind Beispiele hierfür.

Mit dem Zurückweichen des Eises wurden viele Senken wieder mit Erdreich gefüllt. Dies wurde allerdings verhindert, wenn Eis in den Senken über längere Zeit verblieb (sogenanntes Toteis), so daß die Schmelzwassersande des zurückweichenden Eises die angefüllten Vertiefungen nicht zuschwemmen konnten. Diese Toteislöcher füllten sich hernach mit Wasser und sind heute noch an einigen Stellen in der Landschaft zu finden, so beispielsweise der kleine Rammsee bei Brekendorf im Naturpark „Hüttener Berge".

Viele der großen Gesteine, die Findlinge, die häufig in der Landschaft liegen, sind, ebenso wie viele Fossilien und auch Bernsteinstücke, mit dem eiszeitlichen Gesteinsmaterial herantransportiert worden. Die Findlinge, deren größter in Schleswig-Holstein mit einem Umfang von 18 Metern bei Großkönigsförde liegt, dienten unseren Vorfahren nicht nur als Baumaterial für Kirchen und Häuser, sondern sie wurden vor allem von den Menschen der Jüngeren Steinzeit zum Bau von Hünengräbern verwendet.

Das natürliche Landschaftsbild Schleswig-Holsteins, wie es sich heute darstellt, ist also im wesentlichen eiszeitlich geprägt. Zusammenfassend ergeben sich, wie erwähnt, von West nach Ost drei große Landschaftszonen, die in nordsüdlicher Richtung verlaufen:

1. Die fruchtbare Marsch mit ihren Inseln, Halligen und dem Wattenmeer, die sich in der heutigen Form erst nacheiszeitlich entwickelt haben.
2. Die vergleichsweise karge und weniger fruchtbare Geest auf dem Mittelrücken Schleswig-Holsteins. Sie läßt sich unterteilen in die aus Altmoränen der Saaleeiszeit gebildete Hohe Geest und in die Niedrige Geest mit den durch Schmelzwasser der letzten Eiszeit gebildeten Sanderflächen.
3. Das östliche Hügelland mit der Jungmoränenlandschaft der letzten Eiszeit und ihren vielen Seen.

Begegnung von Nord und Süd: schleswig-holsteinische Geschichte

Das Gebiet des heutigen Schleswig-Holstein hatte als zwischen Nord- und Ostsee gelegene Landverbindung über die Jahrhunderte die Begegnung des skandinavischen Nordens und des mitteleuropäischen Südens ermöglicht. Verschiedene Völker haben sich hier getroffen: Deutsche, Dänen, Friesen und Slaven. Sie haben sich vermischt, Handel und Kulturaustausch betrieben; aber ebenso haben viele kriegerische Auseinandersetzungen den Lauf der Geschichte dieses Gebiets bestimmt.
Das Land zwischen den Meeren war aber nicht nur eine Verbindung von Nord und Süd, sondern auch von West und Ost. Man denke nur an die Wikinger, die über Schlei, Treene und Eider eine wenn auch nicht ganz durchgehende Wasserverbindung von Nord- und Ostsee fanden. Auch der Bau des alten Eider-Kanals und des modernen Nord-Ostsee-Kanals, heute die meistbefahrene künstliche Wasserstraße der Welt, dienten der Verbindung der beiden Meere.
Wenngleich es einige ältere Siedlungsnachweise in Schleswig-Holstein gibt, so beginnen die Funde aus der Zeit des Abklingens der letzten Eiszeit zahlreicher zu werden. Mit dem Rückzug des Eises (ca. 15 000 v. Chr.) entstand in Schleswig-Holstein eine tundraähnliche Landschaft, in der der altsteinzeitliche Mensch als Rentierjäger aktiv war. Eine Fülle interessanter archäologischer Funde aus dieser Zeit, aber auch aus den nachfolgenden Epochen kann im Archäologischen Landesmuseum in Schleswig besichtigt werden.
Die Menschen der Jüngeren Steinzeit hinterließen uns mit ihren Megalithgräbern (Hünengräbern) beeindruckende

Monumente, die auch als „Pyramiden des Nordens" bezeichnet werden und zum Teil heute noch an verschiedenen Stellen in der Landschaft aufzufinden sind. Allerdings wurden auch viele Hünengräber zerstört und ihr Steinmaterial zum Bau von Straßen, Häusern und Kirchen verwendet.

In der nachfolgenden Bronzezeit änderte sich der Bestattungsritus. Die Toten wurden in Baumsärgen bestattet, die mit einem hochgewölbten Erdhügel überschüttet wurden, der wiederum von einem Steinkreis umgeben war. Auch bronzezeitliche Hügelgräber, meist baumbewachsen, sind heute für den Kundigen noch vereinzelt in der Landschaft zu entdecken. Wichtigstes Handelsgut gegen Kupfer und Zinn, aus dem Bronzeschwerter und -beile hergestellt wurden, war das „Gold des Nordens", der Bernstein.

Erste schriftliche Zeugnisse, die auch das Gebiet Schleswig-Holsteins betreffen, stammen von griechischen und römischen Schriftstellern. Am bekanntesten ist die „Germania" (98 n. Chr.) des römischen Geschichtsschreibers Tacitus, in der das römische Wissen über Namen und Lebensweise der nordischen Stämme zusammengefaßt ist. Tacitus erwähnt von den vielen germanischen Stämmen unter anderen die Angeln, deren Stammgebiet im nordöstlichen Schleswig-Holstein auch heute noch diesen Namen trägt. Der Stamm der Angeln allerdings verließ, zusammen mit den Sachsen, im 5. Jahrhundert seine Heimat und siedelte nach Britannien über. Weite Teile Schleswig-Holsteins blieben dadurch fast menschenleer zurück und wurden erst allmählich von Norden und Osten wieder besiedelt.

Im frühen Mittelalter, etwa um 800 n. Chr., zur Zeit Karls des Großen, siedelten in Schleswig-Holstein vier Völker: Friesen an der nordwestlichen Westküste, Dänen im Norden, Slaven in Ostholstein und Sachsen im mittleren und südwestlichen Bereich. Das Gebiet nördlich der Eider gehörte zum dänischen, das südlich davon zum fränkisch-deutschen Reich. Die Machtbereiche wurden fest abgesteckt.

Nach dem Sieg auf dem Swentanafeld bei Bornhöved im

Jahre 798 n. Chr. über die nordelbischen Sachsen ließ Karl der Große den Limes Saxoniae errichten, der sich etwa von der Kieler Förde bis zur Elbe als Grenze zwischen sächsischen und slavischen Siedlungsräumen hinzog. Im Norden baute der Dänenkönig Göttrik als Südgrenze des dänischen Reiches das Danewerk aus, einen Befestigungswall zwischen Schlei und Treene.

Der Handelsort Haithabu an der Schlei, in den Göttrik Handelsleute aus dem von ihm zerstörten Rerik umsiedelte, stieg in der Folgezeit zu einem der bedeutendsten Handelsorte Nordeuropas auf. Das im Jahre 1066 n. Chr. durch westslavische Truppen zerstörte Haithabu hat sich in unserem Jahrhundert zu einem Eldorado für Archäologen entwickelt und gehört heute zusammen mit dem Danewerk und dem interessanten Wikingermuseum Haithabu in Schleswig zu den besonderen Anziehungspunkten kulturell und geschichtlich interessierter Besucher Schleswig-Holsteins.

Das Christentum breitete sich nach Norden aus, und die Wenden wurden aus Schleswig-Holstein vertrieben. In Holstein übten die Schauenburger seit dem Jahre 1111 die Grafenrechte aus. Der Landesteil Schleswig zwischen Eider und Königsau entwickelte sich zu einem besonderen politischen Gebilde im dänischen Königreich. Durch Zusammenarbeit mit den Grafen von Holstein erweiterten die Schleswiger Herzöge ihren politischen Spielraum und legten damit bereits zu einem frühen Zeitpunkt die Grundlage für eine spätere Verbindung der beiden Herzogtümer. Dänische Expansionswünsche wurden von dem Schauenburger Grafen Adolf IV. durch den Sieg in der Schlacht bei Bornhöved im Jahre 1227 gestoppt. Die Grenze wurde damit wieder die Eider. Deutsche Bauern und Adlige wanderten in den dünn besiedelten Raum zwischen Eider und Schlei ein, in die schleswigschen Städte zogen deutsche Kaufleute und Handwerker.

Mit dem Ende der Schauenburger Herrschaft wurde im Jahre 1460 der dänische König Christian I. in Ripen zum Herrn über Schleswig und Holstein gewählt, mußte aber auf einen

Schleswig-holsteinische Geschichte

Anschluß der Gebiete an Dänemark verzichten und beiden weitgehende Selbstständigkeit zugestehen. Eine enge Verbindung von Schleswig und Holstein war im Ripener Vertrag festgeschrieben: „dat se bliven ewich tosamende ungedeelt". Nach 1460 wurden die Gottorfer Herzöge und der König von Dänemark zu den regierenden Herren in Schleswig-Holstein. Die Landkarte der Zeit ergibt ein buntes Bild der königlichen und herzoglichen Anteile; Gebiete der Klöster und der Ritterschaft wurden von beiden Landesherren regiert. Der Konflikt zwischen dänischen Königen und Gottorfer Herzögen prägte die Landesgeschichte des 17. und frühen 18. Jahrhunderts. Im Nordischen Krieg (1700–1721) verloren die mit Dänemarks Feind, den Schweden, verbündeten Gottorfer. Dadurch gingen ihre Anteile am Herzogtum Schleswig verloren, und sie mußten ihre Residenz vom Schloß Gottorf in Schleswig nach Kiel verlagern. Ende des 18. Jahrhunderts befand sich fast ganz Schleswig-Holstein unter der Herrschaft des dänischen Königs.

Das Streben nach nationalen Zusammenschlüssen zu Beginn des 19. Jahrhunderts erfaßte auch Schleswig-Holstein. Die „Eiderdänen" wünschten sich einen Anschluß Schleswigs mit der Eider als Südgrenze zu Dänemark, obwohl die Volksgrenze weiter nördlich verlief. Die deutschen Schleswig-Holsteiner erstrebten eine Einbindung Schleswig-Holsteins in einem deutschen Staatsverband. Im Gut Emkendorf nahe dem Westensee hatten Julia und Fritz Reventlow den „Emkendorfer Kreis" gegründet und machten ihr Herrenhaus zu einem Treffpunkt von Dichtern, Gelehrten und Beamten, die ein schwärmerisches Nationalgefühl entwickelten.

Im Jahre 1848 bildeten die Schleswig-Holsteiner eine provisorische Regierung in Kiel. Die Erhebung dieser Jahre scheiterte aber zunächst, da die anfängliche Unterstützung der Schleswig-Holsteiner durch Preußen und Truppen des deutschen Bundes auf Drängen der Großmächte eingestellt wurde und die Dänen im Jahre 1850 in der Schlacht bei Idstedt die Schleswig-Holsteiner besiegen konnten.

22 Schleswig-holsteinische Geschichte

Julia und Fritz v. Reventlow machten das Herrenhaus Emkendorf (oben) im vergangenen Jahrhundert zu einem bedeutenden Kulturzentrum des Nordens, in dem Dichter und Denker zum sogenannten „Emkendorfer Kreis" zusammenkamen.
Neben Matthias Claudius, Johann Heinrich Voß und anderen Denkern und Gelehrten gehörte auch der Dichter Friedrich Gottlieb Klopstock (unten) zum „Emkendorfer Kreis".

Doch 1864 wendete sich das Blatt, als verbündete preußische und österreichische Truppen in Schleswig-Holstein vorrückten und nach der Schlacht bei Oeversee und der Erstürmung der Düppeler Schanzen bei Sonderburg Dänemark besiegen konnten. Nachdem Österreich auf seine Rechte in den Herzogtümern verzichtet hatte, wurden Holstein und Schleswig im Jahre 1867 zu einer preußischen Provinz. Kiel wurde 1871 zunächst zum Reichskriegshafen erklärt und erhielt 1895 durch den Kaiser-Wilhelm-Kanal, später Nord-Ostsee-Kanal, eine direkte Verbindung zur Nordsee. Die Stadt gewann dadurch erheblich an wirtschaftlicher und militärischer Bedeutung.

Nach dem Ersten Weltkrieg fand in den beiden Gebieten Nord- und Südschleswig eine Abstimmung über die Zugehörigkeit der betroffenen Bevölkerung zu Dänemark oder Deutschland statt. Nordschleswig entschied sich für Dänemark und Südschleswig für Deutschland, so daß sich der heutige nördliche Grenzverlauf Deutschlands ergab. Die Minderheiten, die es auch heute noch beiderseits der Grenze gibt, werden weitgehend akzeptiert, und das Zusammenleben von Deutschen und Dänen im Grenzbereich verläuft vergleichsweise friedlich und entspannt.

Der enorme Zustrom Hunderttausender Flüchtlinge aus dem Osten ab dem Winter 1944/45 bedeutete für das Gebiet nördlich der Elbe, in dem die Bevölkerungszahl in kurzer Zeit um ca. zwei Drittel anstieg, eine besonders schwere Belastung. Nach dem Zweiten Weltkrieg wurde in Zusammenarbeit mit der britischen Besatzungsmacht das demokratisch regierte Bundesland Schleswig-Holstein mit der Hauptstadt Kiel aufgebaut.

Schleswig-Holsteins Bedeutung als Brücke zwischen Nord und Süd wird gewiß auch in Zukunft erhalten bleiben. Man denke nur an die auf den europäischen Binnenmarkt strebenden skandinavischen Staaten und die Öffnung der Grenze nach Osten zum benachbarten Bundesland Mecklenburg-Vorpommern.

Ostsee: Schutz und Schmutz

Zur ökologischen Situation der Ostsee
Die Gestade der Ostsee gehören als Natur- und Erholungsraum zu den Hauptanziehungspunkten eines Urlaubs im Norden. In der Tat erwartet uns an der Ostseeküste ein naturkundlich interessantes Gebiet, und die landschaftliche Vielfalt mit abgelegenen Fördebuchten, rauhen Steilküsten, Nehrungen, Strandseen und ausgedehnten Sand- und Geröllstränden finden so leicht nicht ihresgleichen.
Andererseits gerät die Ostsee, ebenso wie die Nordsee im Westen Schleswig-Holsteins, immer wieder in die Negativ-Schlagzeilen: Stichworte wie „Robben- und Fischsterben", „Algenvermehrung" oder „abgestorbener Meeresboden" sind nur einige Beispiele hierfür. Die Baltische See, wie die Ostsee auch genannt wird, ist zwar noch nicht „umgekippt", aber sie hat mit einer Vielzahl ökologischer Schwierigkeiten zu kämpfen, die ihr die – nach der politischen Neuordnung im Osten – neun industrialisierten Anrainerländer bescheren. Denkt man jedoch an den erheblichen Beitrag des atmosphärischen Schadstoffeintrags zu den Problemen unserer Meere, so sind viele weitere Länder und auch das Binnenland für die Misere der Ostsee mitverantwortlich. Hinzu kommen über 200 Flüsse, die der Ostsee zum Teil einen enormen Nähr- und Schadstoffeintrag bringen. Sie ist nicht nur ein relativ flaches Meer, sondern hat auch nur einen geringen Austausch mit der benachbarten salzigeren Nordsee. Lediglich durch den Öresund und den Kleinen und Großen Belt besteht eine Verbindung, so daß die Ostsee beinahe einem Binnengewässer gleicht und auch erheblich salzärmer als andere Meere ist. Sie ist mit einer Fläche von 420000 Quadratkilometern der größte zusammenhängende Brackwasserkörper der Erde. Der Salzgehalt nimmt von Däne-

mark bis hin zum Finnischen und Bottnischen Meerbusen, wo wir fast schon Süßwasserbedingungen vorfinden, allmählich ab.

Neben den Einleitungen durch die Flüsse, durch die Überdüngung und den Pestizideintrag der Landwirtschaft, durch Industrie und destruktive Fischerei ergeben sich weitere Belastungen. Abfälle aller Art, besonders Kriegsaltlasten (Hunderttausende von Tonnen größtenteils giftgas-gefüllter Munition aus dem Zweiten Weltkrieg) und radioaktiver Müll stellen ökologische Zeitbomben dar, deren mögliche Explosion völlig unberechenbar ist. Hinzu kommen Ölförderung und -transport, zum Beispiel im Bereich der Bohrplattformen bei Damp und Waabs in der Kieler Bucht. Der Tourismus mit seiner Uferverbauung, Verschmutzung, seinem Wassersport und Störungen der Tierwelt verursacht ebenfalls erhebliche Probleme für das Ökosystem und die Lebewelt der Ostsee.

Die Rettung dieses Meeres bedarf einer gewaltigen Kraftanstrengung aller beteiligten Länder. Die veränderten Verhältnisse in den ehemaligen Staaten des Ostblocks haben nicht nur einen erschreckenden Einblick in die dortige ökologische Situation ermöglicht, sondern lassen auch auf eine verbesserte internationale Zusammenarbeit zum effektiven Schutz des Gewässers hoffen. Doch jeder einzelne, sei er Besucher oder Anwohner, kann auch seinen kleinen Beitrag leisten, wie es die Umweltverbände stets betonen: Abfallvermeidung, Energieeinsparung, Förderung der ökologischen Landwirtschaft, Verzicht aufs Auto, Respektierung der Schutzgebiete, Unterstützung umweltfreundlicher Aktivitäten und Förderung der Naturschutzarbeit sind nur einige Möglichkeiten, wie durch redliches Bemühen vieler einzelner zumindest eine Entlastung der angespannten ökologischen Situation der Küstennatur erreicht werden kann.

Auf das Baden in der Ostsee braucht man derzeit noch nicht zu verzichten, denn die Badewasserqualität der Meere in Schleswig-Holstein, die ständig überwacht wird, gilt nach wie vor als gut bis sehr gut. Das ist allerdings streng von der

Das Steilufer der Ostsee, wie hier in der Eckernförder Bucht, verstärkt nicht nur den besonderen Reiz der Küstenlandschaft dieser Gegend, sondern es findet sich hier mitunter auch eine besondere Tier- und Pflanzenwelt.

ökologischen Qualität und den Lebensbedingungen ihrer Lebewelt zu trennen. Diese gilt als extrem schlecht und außerordentlich verbesserungsbedürftig. Da ist gewiß nicht mit einem Rückzug der Touristen in vom Wetter und der Badewasserqualität des Meeres unabhängige tropische Badeparadiese geholfen, wie sie bereits an einigen Orten an der Ostsee entstanden sind. Das erweckt fast schon den Eindruck, man hätte die Ostsee aufgegeben.

Die Menschen, die am Baltischen Meer leben oder hier Erholung suchen, und die artenreiche Tier- und Pflanzenwelt sind von einer intakten Ostseenatur abhängig. Was für ein Armutszeugnis und Verlust wäre es, wenn wir unseren Kindern und Enkeln nur noch eine fragmentarische, weitgehend zerstörte Meeresnatur hinterlassen könnten. Das mag jeder Ostseebesucher selbst erkennen, wenn er die stille Schönheit und interessante Dynamik und Vielfalt der Förden und Strände kennengelernt hat.

Lebensgemeinschaften und Lebewelt

Wer die spektakulären weiten Küstenlandschaften des Wattenmeeres mit seinen ausgedehnten, bei Ebbe trockenfallenden Bereichen an der Nordsee kennt, wird angesichts der Ostseeküste vielleicht zunächst enttäuscht sein. Die buchtenreiche Landschaft läßt keine vergleichbar weite Sicht zu, und Ebbe und Flut sind kaum zu bemerken. Bei genauerem Hinsehen wird man jedoch schnell feststellen, daß hier eine größere Vielfalt der Natur auf kleinem Raum und eine ausgesprochen interessante und abwechslungsreiche Tier- und Pflanzenwelt anzutreffen ist.

In der Ostsee kommen viele Elemente des Salz- und Süßwassers zusammen. Von der Unterwasserlebewelt werden die meisten Besucher jedoch auf Anhieb nur einige Badebeobachtungen im Flachwasser und Anspülungen am Strand wahrnehmen. Hierzu gehören verschiedene Grün-, Rot- und Braunalgenarten, von denen der Blasentang der häufigste ist, Herz-, Mies- und Sandklaffmuscheln, Strandschnecken,

Strandkrabben, der gemeine Seestern und Quallen, von denen die harmlose Ohrenqualle am häufigsten angetrieben wird. Darüber hinaus kann der aufmerksame Strandwanderer Fossilien und den allseits beliebten Bernstein, auf den sich früher ausgedehnte Handelsbeziehungen mit dem Süden stützten, finden.

Von den Lebensgemeinschaften an Strand und Ufer wird jeder Ostseebesucher etwas bemerken, wenngleich an vielbesuchten Badestränden meist nicht viel von der reinen Ausprägung der typischen Lebensräume übriggeblieben ist. Hierzu muß man sich in der Regel an abgelegene Strandabschnitte oder in die Schutzgebiete, soweit sie betreten werden dürfen, begeben. Am Geröll- und Sandstrand der Ostseeküste sind die bis zu drei Meter hohen Strandwälle charakteristische Lebensräume. Im Bereich des aus pflanzlichen und tierischen Überresten (besonders Algen) bestehenden Spülsaums wachsen neben einigen Meldenarten (Gänsefußgewächse) Meersenf und Salzmiere; verschiedene Kleinkrebse und Insekten leben im Angespül. Auf den Strandwällen findet man Schafschwingel, Strandroggen, Schafgarbe und Meerkohl. Echtes Labkraut und Mauerpfeffer können den Strandwall zur Blütezeit an einigen Stellen überwiegend gelb erscheinen lassen. Mondraute, Baltischer Enzian und Stranddistel gehören schon zu den selteneren Bewohnern des Strandwalls. Auf älteren, vom Ostseewasser nicht mehr erreichten Strandwällen kann man Heiden oder Schlehen- und Weißdorngebüsche finden, zwischen denen Buchen und Eichen wachsen, die sich allmählich zu einem Wald entwickeln können.

Dünen sind an der Ostsee längst nicht so ausgeprägt wie an der Nordseeküste, aber ihre charakteristische Entstehung ist auch an der Küste der Ostsee an einigen Stellen zu beobachten: Die Primärdüne am Vorstrand, mit Strandhaferarten und Strandroggen bewachsen, entwickelt sich weiter zur Weiß-, Grau- und Braundüne. An der Ostsee kann dieser Vorgang sogar noch weiter bis zur bewaldeten Düne mit Stiel-

30 Ostsee: Schutz und Schmutz

Der gerne auf locker bewachsenen Strandflächen vorkommende Meerkohl (oben) kann Wuchshöhen von bis zu 75 Zentimetern erreichen.

Die zu den Doldenblütlern gehörende Stranddistel (unten) findet man am Strand und in den Dünen. Sie gehört zu den stark gefährdeten Pflanzen Schleswig-Holsteins.

eiche, Buche und Zitterpappel gehen, wie es beispielsweise im Naturschutzgebiet bei Noer an der Eckernförder Förde der Fall ist. Da aber die notwendigen Bedingungen zur Dünenbildung, nämlich überwiegend auflandige Winde, die das Sandmaterial zusammenwehen, an der Ostsee weitgehend fehlen, findet man eine ausgeprägte Dünenbildung nur an wenigen Stellen.

Auch die Salzwiesen haben nicht die Ausdehnung, wie man sie an der Nordsee findet; die Zusammensetzung der Pflanzenwelt ist sehr ähnlich: In den unteren Bereichen wächst der besonders salzresistente Queller; darüber hinaus in den seltener überfluteten Bereichen Strandbeifuß und die besonders schön blühenden Pflanzenarten Strandflieder, Strandaster und Strandnelke. Vereinzelt finden sich auch das Tausendgüldenkraut, Salzbunge, Natternzunge und Erdbeerklee. Am Rande der Salzwiesen, wo der Salzgehalt geringer wird, bilden sich Brackwasser-Röhrichte, die bei höherem Nährstoffgehalt auch als Hochstaudenfluren mit Großem Engelwurz und Sumpfgänsedistel ausgebildet sein können.

Strand, Düne und Salzwiese beherbergen auch eine interessante, spezialisierte Kleintierwelt, besonders aus den Gruppen der Käfer, Spinnen, Schmetterlinge und Zweiflügler. Zahlreiche typische Küstenvögel brüten am Strand und in den Salzwiesen, zumeist in Kolonien, die in den Schutzgebieten liegen: Fluß-, Küsten-, Brandsee- und die besonders gefährdeten Zwergseeschwalben, Sandregenpfeifer, Austernfischer, Säbelschnäbler, Rotschenkel und Mittelsäger. Von den Möwen gilt die Sturmmöwe als Charaktervogel der Ostsee. Zudem sind die Küsten dieses Meeres auch ein wichtiges Durchzugs- und Rastgebiet, besonders für eine Vielzahl von Entenarten.

Ein landschaftsökologisch außergewöhnlicher Lebensraum der Ostsee ist die Steilküste, die durch Abbruch das Ausgangsmaterial für andere Bereiche der sogenannten Ausgleichsküste bildet. Zu den Bildungen des abtransportierten Sand- und Geröllmaterials gehören die Strandwälle, Dünen, aber auch Strand- oder Nehrungshaken, die letztlich ganze Buchten abriegeln können. Diese können sich dann zu Strandseen, wie beim Schwansener See nördlich von Damp, entwickeln. Steilufer, die vom abtragenden Meerwasser erreicht werden, bezeichnet man als aktive Kliffs im Gegensatz zu den zurückliegenden toten Kliffs, die nicht mehr durch das Ostseewasser abgetragen werden. Die Kliffs werden meist durch die Flora der oberhalb liegenden Äcker oder Wälder besiedelt. Huflattich, Ackerdistel, Ackerschachtelhalm, Greiskraut und Wundklee sind typische Besiedler dieser steilen Wände. An Austrittstellen von Quellwasser auf kalkigem Untergrund können sich Pflanzen der Kalkquellmoore, wozu zahlreiche Orchideenarten gehören, ansiedeln. Wärmeliebende Insekten, besonders Gold-, Falten- sowie Wegwespenarten und Wildbienen finden hier einen angemessenen Lebensraum. Besonders charakteristische Bewohner der Steilwände sind die Uferschwalben, die in bis zu einem Meter tiefen, selbstgegrabenen Röhren ihr Brutgeschäft betreiben.

Von den Lebensräumen der Ostseeküste gehören einige zu den seltensten Schleswig-Holsteins und bedürfen des besonderen Schutzes. Für den Besucher der Küste sollte ein rücksichtsvolles Verhalten gegenüber der hier lebenden, zum Teil ebenfalls seltenen und gefährdeten Tier- und Pflanzenwelt selbstverständlich sein.

Eckernförde

Im Wappen der Stadt Eckernförde, die seit über 150 Jahren Ostseebad ist, findet sich im Gegensatz zu sonst gebräuchlichen Löwen und Adlern ein auffallend friedliches Tier: ein Eichhörnchen, das über eine Burg springt. Der Sage nach konnten nämlich die zahlreichen Eichhörnchen, die früher im Dänischen Wohld lebten, mühelos, ohne den Boden zu berühren, über die zahlreichen Bäume von Eckernförde nach Kiel springen.

Die Stadt entwickelte sich im Schutz der Eichhörnchenburg (Ykærnæburg), die im Jahre 1231 zum ersten Mal Erwähnung findet. Durch zahlreiche Kriegswirren in den folgenden Jahrhunderten hindurch, in denen die Burg im Jahre 1416 zerstört und wiederaufgebaut wurde, sind die Gilden der Stadt bis heute erhalten geblieben. Ehemals als Schutz- und Sicherheitsbündnisse gedacht, dienen sie heute vor allem als Zusammenschlüsse der Geselligkeit. Im 18. Jahrhundert war Eckernförde zeitweilig eine bedeutende Handelsstadt mit einer stattlichen Flotte.

Der größte Tag in der Geschichte der Stadt war der 5. April 1849 während des schleswig-holsteinischen Befreiungskampfes, als das mit 84 Kanonen bestückte dänische Linienschiff „Christian VIII." bei einem Landungsversuch vor dem Strand von einer Küstenbatterie in die Luft geschossen wurde. Am gleichen Tag der „Seeschlacht von Eckernförde" wurde außerdem die dänische Fregatte „Gefion" im Handstreich erbeutet. Ihre Galionsfigur ist noch in Eckernförde zu besichtigen.

Heute ist das Ostseebad, dessen vier Kilometer langer Strand sich im Stadtbereich weit zu beiden Seiten der Eckernförder Bucht mit ihren einsamen Steilküsten fortsetzt, mit seinen etwa 23 000 Einwohnern eine wichtige Garnisonstadt der

34 Eckernförde

Luftbild der Stadt Eckernförde.

Bundesmarine. Von den ehemals über 30 Räuchereien sind heute noch drei erhalten, die unter anderem einen Großteil der sogenannten „Echten Kieler Sprotten" liefern.

Zu den besonderen Sehenswürdigkeiten der Stadt gehören zwei Kirchen: St. Nicolai, deren älteste Teile aus dem 13. Jahrhundert stammen, besitzt im Innern viele interessante Kunstschätze. Besonders zu erwähnen sind die Kanzel (1605) Hans Gudewerdts d. Ä. und der Hochaltar (1640) von Hans Gudewerdt d. J., einem der großen Holzschnitzer des Barock, auf dessen Werke wir in vielen Kirchen dieser Gegend stoßen. Am Hafen entlang, wo man Fisch direkt vom Kutter kaufen kann, über eine idyllische Holzbrücke kommen wir zum nördlich liegenden Stadtteil, wo auf einer Anhöhe die andere bedeutende Kirche der Stadt liegt: Die Borbyer Dorfkirche, eine romanische Feldsteinkirche, stammt aus der Zeit um 1200 und besitzt im Innern einen schönen romanischen Taufstein aus Gotland.

Das seit über 15 Jahren bestehende „Kulturzentrum Bootshaus" beinhaltet eine Kupferwerkstatt, die Galerie „Nemo", die sich besonders der Kunst in Nordeuropa widmet, und die Stadtbilderei, einen privat betriebenen Kunstverleih (☎ 0 43 51 / 27 50). Nahe der Galerie am Strand und auch in der Stadt stehen Skulpturen verschiedener Künstler, z. B. eine Hälfte der Skulptur „Brücke über das Meer" von Ojars Pétersons aus Riga, deren andere Hälfte am Rigaer Ostseeufer steht.

Das Heimatmuseum im Alten Rathaus (aus dem 16. Jahrhundert) besitzt unter anderem Ausstellungen zu Höhepunkten der Stadtgeschichte und des Ostseebads sowie zur Geschichte der Elektrotechnik, zur Fischerei und Räucherei.

Schiffsfahrten nach Dänemark und Hochseeangelfahrten starten von Eckernförde aus. Darüber hinaus gibt es ein weitverzweigtes und gut markiertes Wander- und Radwegenetz um Eckernförde, das aber auch Radtouren (zur Zeit insgesamt 350 Kilometer) durch ganz Schwansen, den Dänischen Wohld und die Hüttener Berge einschließt.

Wanderung
Rund ums Windebyer Noor
Entfernung: ca. 11 km; Wanderdauer: knapp 3 Stunden
Das eiszeitlich entstandene Windebyer Noor war einst ein Teil der Eckernförder Bucht. Heute ist es ein Binnensee, der keine oberirdische Wasserverbindung mehr zur Förde besitzt. Das Wasser des bis zu 13 Meter tiefen Windebyer Noors ist mit einem Salzgehalt von 3 Promille aber noch brackig.

An der Bundesstraße 76 gibt es in Eckernförde einige Parkmöglichkeiten. Von dort gehen wir zunächst an der B 76 entlang Richtung Schleswig und nach Überqueren der Norderhake ans Wasser hinab (siehe weiter unten). Eckernförde ist allerdings auch per Bahn oder Bus gut zu erreichen; daher beginnen wir die Tour am Bahnhof, wo wir auf dem Bahnhofsvorplatz bereits auf die erste Sehenswürdigkeit stoßen: die Skulptur „Die Achse" von Mindaugas Navakas aus Vilnius. Es ist eine von mehreren Skulpturen in Eckernförde, von denen die meisten im Strandbereich, unweit der Galerie „Nemo", zu finden sind.

Vom Bahnhof aus gehen wir nach links, und bei der ersten Gelegenheit überqueren wir die Schienen (Schulstraße). An der B 76 können wir einen ersten Blick über das Windebyer Noor werfen. Wir überqueren die Norderhake, und an der Ampel Noorstraße geht es hinab ans Wasser. Die ersten drei Kilometer von der Gartenkolonie „Costa Noora" bis Schnaap sind als Naturlehrpfad ausgewiesen.

Hier lernen wir nicht nur etwas über die Ufervegetation, die Vogelwelt des Noors, die Lebensräume Trockenrasen, Quelle und Buchenhochwald, sondern es werden auch zahlreiche typische Pflanzen vorgestellt. Allein über 30 Baum- und Straucharten stehen hier und werden mit ihren Erkennungsmerkmalen und ökologischen Besonderheiten erklärt, wobei auch auf besondere Probleme kritisch eingegangen wird. So stellt zum Beispiel der am Ufer der Noors verbreitet wachsende Japanische Staudenknöterich eine Florenverfäl-

38 Eckernförde

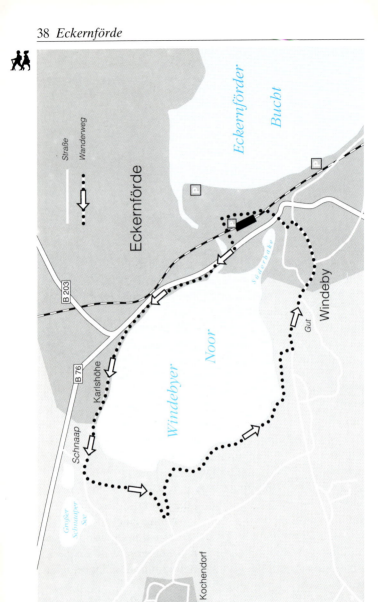

schung dar, die heimische Arten in ihren Existenzmöglichkeiten bedenklich einschränken kann.
Der Rundwanderweg ist mit gelben Schildern „Wanderweg 1 des Ostseebades Eckernförde" markiert. Er ist Teil des Europäischen Fernwanderwegs 1 Flensburg–Genua, der von Schleswig über Eckernförde Richtung Kiel weitergeht.
Am Ende des Lehrpfads geht der Weg, an zwei Schutzhütten vorbei, einige hundert Meter vom Ufer entfernt entlang, wobei man jedoch trotzdem einen schönen Blick über das Noor Richtung Eckernförde hat. Ein Betonspurweg führt uns wieder zum Ufer hinab, durch das Uferröhricht und später durch kleine Waldstücke und an alten Eichen vorbei. Dann biegt er wiederum vom Noor ab; wir gehen links und kommen durch den Ort Windeby mit dem gleichnamigen Gut, dessen bekanntester Besitzer ab 1799 der Schriftsteller Christian Reichsgraf zu Stolberg-Stolberg, ein Jugendfreund Johann Wolfgang v. Goethes, war.
Wir erreichen die B 203 und B 76, benutzen die Unterführung, überqueren die Eisenbahnschienen und gelangen entlang der Gleise wieder zum Bahnhof.

Radtour
Eckernförde – Ludwigsburg – Waabs – Loose – Eckernförde
Entfernung: ca. 37 km; Dauer: ca. 4 Stunden
Start dieser Tour ist der Eckernförder Bahnhof. Von hier aus halten wir uns links und fahren auf der „Reeperbahn" an der Innenstadt vorbei zum Binnenhafen. Diesen umfahren wir und radeln am Nordufer entlang, von wo sich ein schöner Blick auf die Hafenanlagen und die Eckernförder Bucht ergibt. Die linker Hand auf einer Anhöhe gelegene Borbyer Kirche ist eine um 1200 erbaute romanische Feldsteinkirche mit einer schönen gotländischen Kalksteintaufe im Innern. Ein Abstecher zur Kirche sollte am besten zu Fuß unternommen werden.
Wir bleiben am Ostseeufer und fahren vorbei am Denkmal des Großen Kurfürsten bis zu einem kleinen Parkplatz, wo

wir, vom Wasser abbiegend, auf der Prinzenstraße weiterfahren. Auf leicht ansteigender Straße verlassen wir Eckernförde und erreichen zur Rechten das Gut Hemmelmark, das im Jahre 1896 von Prinz Heinrich von Preußen, dem Bruder des Deutschen Kaisers, gekauft und in den Jahren 1902 bis 1904 umfassend zu einer repräsentativen Hofanlage umgestaltet wurde. Eine schöne Wanderstrecke führt am Gut vorbei und am Hemmelmarker See entlang zum Ufer der Eckernförder Bucht, von wo man, sich stets an der Ostseeküste haltend, bis Damp und darüber hinaus wandern kann.

Wir radeln geradeaus weiter und blicken rechts und links über die typische Schwansener Landschaft mit ihren weiten, riesigen und intensiv genutzten Feldern, die meist zu großen Gütern gehören und kaum durch Knicks oder kleinere Gehölze unterbrochen sind. Wälder und Grünländer, also Wiesen und Weiden, sind vergleichsweise selten.

Die Umweltprobleme, die die Intensivlandwirtschaft mit sich bringt, sind weitgehend bekannt. Die Wirbellosenfauna der Äcker wurde von der Universität Kiel an vielen Stellen Schleswig-Holsteins untersucht, wobei neben einer Verarmung der Ackerbegleitflora auch eine deutliche Verminderung der Arten- und Individuenzahlen bei der Fauna festgestellt wurde. Eine typische und artenreiche Ackerfauna mit zahlreichen schädlingsverzehrenden Nützlingen wie Käfer und Spinnen, wie sie für Äcker in den fünfziger Jahren vor der Intensivierung der Landwirtschaft typisch war, findet man heute nur noch auf ökologisch bewirtschafteten Feldern.

Über Hohenstein und Gast mit der Landgaststätte „Zur Alten Schmiede" (☎ 04358/221; im Winter Donnerstag Ruhetag) kommen wir zur Abzweigung Karlsminde. Hier können wir einen Abstecher an die Küste machen, der uns nach etwa sechs Kilometern zum Herrenhaus Ludwigsburg bringt. Auch wer geradeaus direkt nach Ludwigsburg fährt, sollte in die Straße nach Karlsminde etwa 600 Meter hineinfahren.

Hier liegt ein beeindruckendes vorgeschichtliches Denkmal:

ein um 2 500 v. Chr. entstandenes Langbett, das bei einer Breite von 5,50 Metern und einer Höhe von 2,50 Metern eine Länge von fast 60 Metern aufweist. Die Steinumfassung dieses „Riesenbetts" besteht aus 108 Findlingen, die von einer bis zu mehr als zwei Tonnen wiegen. Die drei Grabkammern dienten wiederholt der Totenbestattung, und Funde aus der Eisenzeit belegen sogar noch Beerdigungen bis in die Zeit um Christi Geburt. Diese in den Jahren 1976 bis 1978 restaurierte Grabanlage ist eines von 300 in Schleswig-Holstein noch bestehenden Megalithgräbern. Ehemals gab es hier 5 000 derartiger „Hünengräber" mit großen Wand- und Decksteinen.

Am Gut Karlsminde vorbei kommen wir zum gleichnamigen Campingplatz (☎ 0 43 58 / 10 14 und 3 44) mit Restaurant und Kiosk. Wir fahren über das Gelände des Campingplatzes, vorbei an Strandseen, und kommen an einem weiteren Campingplatz heraus. Am Aas See und Feldern entlang radeln wir dann nach Ludwigsburg. Dieses Herrenhaus ist aus einer mittelalterlichen Wasserburg hervorgegangen, was auch heute noch an den umgebenden Gräben und Wassersystemen gut zu erkennen ist. In den 1740er Jahren wurde das Gut zu einer imponierenden Barockanlage ausgebaut. Das Torhaus stammt vom Endes des 16. Jahrhunderts.

Auf dem weiteren Weg geht es rechts Richtung Lehmbergstrand ab. Wir fahren die imponierende Eichenallee entlang, die in ihrem Verlauf zum Gut Lehmberg führt. Dabei passieren wir eine alte Ulme. Ulmen sind, bedingt durch die Ulmenkrankheit, die die Bestände dahinrafft, schon relativ selten geworden. Am Ende der Straße biegen wir nach rechts und halten uns dann Richtung Parkplatz. Vorbei an Imbiß, Kiosk und schönem Sandstrand (Bademöglichkeit), biegen wir vor der Sackgasse links in die Straße „Seeberg" ab. Hier liegt das Hotel und Restaurant „Seeberg" (☎ 0 43 52 / 25 40; im Winter Montag Ruhetag), das besonders für Freunde von Fischgerichten zu empfehlen ist.

Der weitere Weg ist zum Teil etwas sandig und steinig, aber

befahrbar. Er biegt rechts ab, die Anhöhe hinauf. Ein Abstecher geradeaus führt zu dem 2900 bis 2600 v. Chr. erbauten Großsteingrab „Langholz". Dieses Grab ist ein Zeugnis der Trichterbecher-Kultur und wurde im Jahre 1977 restauriert. Die Menschen dieser Kulturform besiedelten das Urstromtal, das bei Seeberg mit einem heute weitgehend von der Ostsee abgeschlossenen See endet.

Von der Anhöhe aus blicken wir weit über die Eckernförder Bucht, bevor wir nach Waabs fahren. Hier halten wir uns links und durchqueren den Ort auf der Dorf- und Mühlenstraße. Ein Abstecher führt, vorbei am „Schwansener Hof", zur um 1400 aus Feldsteinen erbauten Kirche. Ihr Turm stammt aus dem 16. Jahrhundert. Am Ortsende kreuzt die Hauptstraße nach Großwaabs und Damp (11 Kilometer), die wir Richtung Söby überqueren. Hier können Sie das Fahrrad über eine gut ausgebaute einsame Asphaltsraße einmal ausfahren oder auch bei gemächlicher Fahrt über die weiten Getreidefelder und eingestreuten Knicks und Gehölzgruppen blicken.

Nun halten wir uns Richtung Rotensande und Ludwigsburg, radeln vorbei am Gut Rotensande und kommen auf einen Betonspurweg, der rechts und links durch einen Knick gesäumt ist. Doppelknicks, auch „Redder" genannt, gelten ökologisch als besonders wertvoll. So kann die Populationsdichte der Brutvögel um das Sechsfache gegenüber einem Einzelknick erhöht sein. Knicks bedürfen der Pflege; sie sollten etwa alle zehn Jahre geknickt, das heißt auf den Stock gesetzt werden. Alle 20–50 Meter werden einzelne Bäume als sogenannte „Überhälter" stehengelassen, die den Knick überwachsen. Hier sehen wir z. B. prächtige alte Eichen.

Der Weg mündet nahe dem Gut Ludwigsburg. Wir fahren erneut am Herrenhaus vorbei und erreichen wieder den Abzweig nach Karlsminde, wo wir uns diesmal rechts in Richtung Loose und Rieseby halten. Hinter Loose überqueren wir die B 203, die Eckernförde und Kappeln verbindet. In Loosau steht links in einem kleinen Weg eine imposante

Eckernförde 43

Schöne, alte Reetdachhäuser säumen auch in Schwansen bisweilen noch den Weg. Die mehr sonnenzugewandten Seiten der Häuser läßt man in Schleswig-Holstein traditionell gerne mit Wildem Wein bewachsen.

alte Eiche an einer Weide. Die Stammitte des Baumes weist ein großes Loch auf, durch das man problemlos durchklettern könnte.

Vorbei am Gut Erichshof kommen wir zum Abzweig Rieseby und Saxtorf. Zum Herrenhaus von Saxtorf, einem zweigeschossigen burgähnlichen Gebäude, sind es hin und zurück etwa zwei Kilometer. Die Hofanlage geht auf eine Wasserburg aus dem 15. Jahrhundert zurück.

An der größeren Straße fahren wir links; der Radweg, der uns nach Barkelsby führt, beginnt kurz nach dem Abbiegen. Im Restaurant und Kunstcafé „Löwenkrug Barkelsby" können wir einkehren (☎ 0 43 51 / 8 19 49, Donnerstag Ruhetag). Unter der B 203 entlang fahren wir zurück nach Eckernförde. Dort begeben wir uns sogleich auf den rechts abgehenden Saxtorfer Weg, den wir durchfahren, bis die Schleswiger Straße kreuzt. Hier wenden wir uns nach links und gleich wieder rechts und gelangen so zum Binnenhafen. Diesen passieren wir und fahren auf bekanntem Wege die Reeperbahn entlang zum Bahnhof.

Eckernförde 45

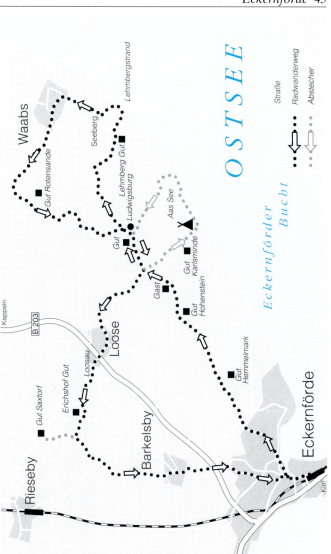

Restauranttips

Eckernförde:

Stadthallen-Restaurant
Am Exer
24340 Eckernförde
☎ 04351/3232
U. a. Fischgerichte; Blick auf Strand und Förde.

Domkrug
Kieler Straße 4
24340 Eckernförde
☎ 04351/2861
Reichliche Auswahl an Steakgerichten; nahe der Nicolai-Kirche; im Winter Dienstag Ruhetag.

Barbarossa
Frau-Clara-Straße 4
24340 Eckernförde
☎ 04351/3536
Pizza und zahlreiche andere Gerichte aus dem Holzofen.

Asia
Reeperbahn 64
24340 Eckernförde
☎ 04351/6115
Fernöstliche und koreanische Spezialitäten; Dienstag Ruhetag.

Restaurant Café
Kiekut
An der B 76
24340 Eckernförde/Altenhof
☎ 04351/41310
Fleisch, Fisch, Überraschungsmenü; gemütliches Reetdachhaus am Strand der Eckernförder Bucht; Dienstag Ruhetag, im Winter auch Montag Ruhetag.

Ratskeller Eckernförde
Rathausmarkt 8
24340 Eckernförde
☎ 04351/2412
„Seemannsgarn" (verschiedene gebratene Fischsorten); entweder draußen unter Linden oder im historischen Gebäude von 1420; Montag Ruhetag.

Kaffeehaus Heldt
St.-Nikolai-Str. 1
24340 Eckernförde
☎ 04351/2731
Frühstück und gute
Kuchenauswahl am
Museum; im ersten Stock
Antiquitätenausstellung
und -verkauf.

Oblomow
Kieler Str. 47
24340 Eckernförde
☎ 04351/6142
Täglich Stammessen;
besonders für junge Leute.

Am Kamin
Am Bahnhof 2
An der B 76
24340 Altenhof
☎ 04351/44469
Balkan-Spezialitäten und
Steakgerichte; an der B 76
Richtung Kiel;
Montag Ruhetag.

Naturpark „Hüttener Berge" und Nord-Ostsee-Kanal

Naturpark „Hüttener Berge"
Von den fünf Naturparks Schleswig-Holsteins ist der in den Hüttener Bergen der nördlichste, und somit ist er auch der nördlichste der ganzen Bundesrepublik. Im Kreis Rendsburg-Eckernförde liegen auch noch die Naturparks „Westensee" und „Aukrug", so daß insgesamt etwa 40 Prozent der Kreisfläche von Naturparks eingenommen werden.
Der etwa 22 000 Hektar große Naturpark „Hüttener Berge" liegt im Dreieck der Städte Schleswig, Eckernförde und Rendsburg. Seine Südgrenze ist der Nord-Ostsee-Kanal, im Osten schließen sich der Dänische Wohld und die Eckernförder Bucht an, im Norden reicht er fast bis an die Schlei, und im Westen ist die A 7 von Hamburg nach Flensburg die ungefähre Grenze. Lediglich bei Owschlag geht ein Ausläufer des Naturparks über die Autobahn hinüber. Über die Autobahn ergibt sich mit den Abfahrten Rendsburg/Büdelsdorf, Owschlag und Schleswig/Jagel eine besonders gute und schnelle Erreichbarkeit der „Hüttener Berge". Hinzu kommen die B 76, die Kiel, Eckernförde und Schleswig verbindet, und die B 203, die das Gebiet von Rendsburg nach Eckernförde durchschneidet.
Im Jahre 1971 wurde die hügelige Moränenlandschaft zwischen Schlei und Nord-Ostsee-Kanal (NOK) zum damals dritten Schleswig-Holsteinischen Naturpark erklärt.
Diese auch als „Kleiner Harz" bezeichnete Landschaft verdankt ihre Entstehung – wie kann es anders sein – der letzten Eiszeit. Vorstoßende Eiszungen haben Sand-, Erd- und Geröllmassen vor sich hergeschoben und mit zurückgehender Schubkraft diese als Endmoränen abgelagert. Auch die Seen des Gebiets sind eiszeitlichen Ursprungs.

Hier sind vor allen Dingen Bistensee, der kleine Rammsee, ein typischer Toteissee, und der Wittensee, der fünftgrößte See Schleswig-Holsteins, zu nennen. Letzterer ist ein typischer Zungenbeckensee. Ein Eisvorstoß hat wannenförmig den heutigen Wittensee zu den westlich gelegenen Duvenstedter Bergen aufgeschoben. Theoretisch könnte man also mit den Erdmassen dieser Berge den Wittensee komplett wieder auffüllen. Im Sommer ist der Wittensee ein wichtiges Wassersportgebiet, während im Winter die Eissegler über ihn hinweggleiten.

Eiszeitliche Ausspülvorgänge bewirken auch, daß sich an einigen Stellen des Naturparkgebiets ziemlich reine Quarzsande abgelagert haben. Dieses Rohmaterial für die Glasherstellung im Zusammenhang mit dem Waldreichtum des Gebiets führten zur Ansiedlung von Glashütten, die für die Ortschaft Hütten und die gesamte Landschaft namengebend waren. Als Hinweis auf die große Ausdehnung von Wäldern in der Vergangenheit wird auch die Tatsache gewertet, daß noch um das Jahr 1800 Wölfe in diesem Gebiet umherstreiften. Neben einigen kleineren Waldstücken gibt es heute allerdings nur noch bei Brekendorf ein etwas größeres Waldareal.

Die Landschaft Hütten war immer Bauernland, das als Familienbesitz über die Generationen weitervererbt wurde. Dadurch haben wir hier eine stärker durch Gehölze, Knicks, kleine Felder und Wiesen strukturierte Landschaft – im Gegensatz zu weiten Teilen Schwansens und des Dänischen Wohlds, wo die Landschaft durch den Großgrundbesitz und die weiten bis zum Horizont reichenden Felder ein weitläufigeres Gepräge erhält.

Die Erhebungen des Gebietes, auch wenn sie als Berge bezeichnet werden, erreichen kaum Höhen über 100 Meter. Der höchste Berg der von ihnen ist der Scheelsberg (106 m), auf dem eine Radaranlage der Bundeswehr steht. Weitere Erhebungen sind der Tüteberg (75 m) und, am bekanntesten, der Aschberg (98 m). Von letzterem hat man einen

Knicks, Wälder, Wiesen und Felder prägen die hügelige Landschaft in den Hüttener Bergen, die auch als „kleiner Harz" bezeichnet werden.

Naturpark „Hüttener Berge" und Nord-Ostsee-Kanal 51

schönen und weiten Blick über die umgebende Landschaft (siehe Wanderung Am Aschberg S. 59). Auf dem Gipfel befindet sich neben Restaurant und Jugendherberge auch ein sieben Meter hohes Bismarck-Denkmal.

Die sanft hügelige, mit Wäldern, Knicks, Einzelbäumen, Wiesen und Feldern durchsetzte Landschaft lädt zu ruhigen und beschaulichen Wanderungen und Radtouren abseits der überlaufenen Touristen-Trassen ein.

Zwei Moore im Naturpark sind als Naturschutzgebiete (NSG) ausgewiesen: das 15 Hektar umfassende Groß Wittenseer Moor und das am Naturparkrand befindliche 38 Hektar große Espremer Moor, das etwas südlich der Schlei gelegen ist. Das bereits im Jahre 1936 als sechstes NSG Schleswig-Holsteins unter Schutz gestellte 36 Hektar große Heidegebiet „Sorgwohlder Binnendünen" liegt zwischen Owschlag und Rendsburg. An dem NSG „Jägerlust", einem Überschwemmungsgebiet, das südlich des NOK liegt, fahren wir später auf der Radtour am Kanal entlang. Die Habyer Au am Wittensee und das Duvenstedter und Fockbeker Moor nördlich von Rendsburg sind für eine mögliche Ausweisung als NSG vorgesehen. Das Gebiet um den Wittensee und ein Streifen über Bistensee bis hoch zur Großen Breite der Schlei sind als Landschaftsschutzgebiete ausgewiesen.

Besonders für die Rendsburger sind die Hüttener Berge ein wichtiges Naherholungsgebiet; der Wittensee ist von der Kreisstadt lediglich fünf Kilometer entfernt. Rendsburg ist durch den Nord-Ostsee-Kanal eine Hafenstadt, die mit zwei Meeren, nämlich Nord- und Ostsee, in direkter Verbindung steht. Der Kanal wird hier durch einen Auto- und einen Fußgängertunnel mit einer der längsten Rolltreppen Europas unterquert, während eine Autobahn- und eine Eisenbahnbrücke über den Kanal führen. Letztere, von 1911 bis 1913 erbaut, ist zum Wahrzeichen der Stadt geworden. Die Züge fahren über die Brücke und kommen dann langsam über eine Schleife von über vier Kilometern Länge zum Bahnhof Rendsburgs hinunter. An dieser Hochbrücke ist eine interessante Schwebfähre aufgehängt, die Personen und Fahrzeuge über den Kanal transportiert.

Das Heimatmuseum Rendsburg informiert über die Geschichte der Stadt und des Kreises; das Norddeutsche Druckmuseum blickt zurück auf 200 Jahre Druckgeschichte in dieser Region; das Elektro-Museum der Schleswag hat das Thema Energie zum Mittelpunkt; das Jüdische Museum und das Dr. Carl Bamberger-Haus zeigen Werke verfolgter jüdischer Künstler und auch Werke anderer Künstler mit jüdischer Thematik; eine Eisenkunstguß-Sammlung mit zahlreichen Objekten befindet sich im Stadtteil Büdelsdorf (alle Adressen siehe Adressenteil).

Weitere Sehenswürdigkeiten in Rendsburg sind: das Alte Rathaus, die von 1695 bis 1700 erbaute Christkirche, die ab 1286 erbaute St.-Marien-Kirche, das Kanal-Packhaus, der Schloßplatz, das Arsenal und die alte Dampflok. Jedes Frühjahr findet in Rendsburg die NORLA, eine Landwirtschaftsmesse, statt.

Nord-Ostsee-Kanal (NOK)

Die Südgrenze des Naturparks „Hüttener Berge" ist der Nord-Ostsee-Kanal, der auf einer Strecke von knapp hundert Kilometern von Kiel über Rendsburg nach Brunsbüttel die kürzeste Verbindung zwischen Nord- und Ostsee darstellt. Er erspart den Schiffen die weite und gefahrvolle Fahrt um Skagen. Diese Fahrtroute wurde bereits von den Wikingern gerne gemieden. Sie fuhren auf der Schlei bis Haithabu, gingen ein Stück über Land und setzten ihre Fahrt schließlich über die Treene und die Eider in die Nordsee fort. Da die Schlei vergleichsweise flach ist, verlor sie schnell an Bedeutung für die Schiffahrt, und es entstanden zahlreiche neue Pläne zur Querung Schleswig-Holsteins auf dem Wasserweg. Der direkte Vorläufer des NOK ist der Schleswig-Holsteinische Kanal, später Eiderkanal genannt, der im Jahre 1784 nach siebenjähriger Bauzeit eröffnet worden ist. Seine Gesamtlänge wurde einschließlich der Eider mit über 170 Kilo-

54 Naturpark „Hüttener Berge" und Nord-Ostsee-Kanal

Der Nord-Ostsee-Kanal, die kürzeste
Verbindung zwischen Nord- und Ostsee,
ist eine bedeutsame internationale
Wasserstraße, die von Passagier- und
Transportschiffen aller Herren Länder
befahren wird.

metern angegeben; die Strecke des eigentlichen Kanals betrug von Kiel bis Rendsburg jedoch nur 43 Kilometer. Doch schon bald genügte der Eiderkanal den immer höher werdenden Anforderungen nicht mehr, die vor allem mit der Zunahme der Dampfschiffahrt in Zusammenhang standen. Neue Pläne zur schnellen Verbindung der beiden Küsten von Schleswig-Holstein auch für größere Schiffe mußten nun entwickelt werden.

Ein Projekt wurde tatsächlich realisiert: In Kiel-Holtenau wurde vor mehr als hundert Jahren, am 3. Juni 1887, feierlich der Grundstein zu einem gigantischen neuen Kanalprojekt gelegt. „Zu Ehren des geeinten Deutschlands! Zu seinem fortschreitenden Wohle! Zum Zeichen seiner Macht und Stärke!" rief der greise neunzigjährige Kaiser Wilhelm I., während er den Stahlhammer bei der Grundsteinlegung schwang.

Acht Jahre dauerte der Bau, und termingerecht zur Kieler Woche wurde die damals noch „Kaiser-Wilhelm-Kanal" genannte Wasserstraße im Sommer 1895 dem Verkehr übergeben. Nach dem 1869 eröffneten Suezkanal war der NOK der zweite große Weltkanal. 1914 kam der Panamakanal als dritter hinzu. Der NOK ist heute der am meisten befahrene Kanal, allerdings ist das Frachtaufkommen in den beiden anderen erheblich höher.

Steht heute die wirtschaftliche Bedeutung dieses Wasserweges deutlich im Vordergrund, so waren in erster Linie militärische Gründe ausschlaggebend für den Bau, den Bismarck damals gegen eine breite Kanalgegnerschaft im Kabinett durchsetzen konnte. Die dänischen Provinzen Schleswig und Holstein waren 1866 zu Preußen gekommen, und durch den NOK sollten die Flotten des jungen deutschen Reiches in Nord- und Ostsee im Bedarfsfall möglichst schnell zusammenzuziehen sein.

Durch den „Kiel-Canal", wie der NOK bei den Seeleuten genannt wird, wurden die beiden Meere zwar verbunden, aber das Land wurde zerschnitten. Durch zahlreiche Brücken, zwei Tunnel und mehr als zehn Fähren wird der Querverkehr über den Kanal hinweg gewährleistet. Der Tag und Nacht befahrbare Kanal ist im Besitz des Bundes und für diesen, betrachtet man die reinen Gebühreneinnahmen durch den Schiffsverkehr, ein Zuschußgeschäft. Die Gesamtbedeutung für die Wirtschaft Schleswig-Holsteins, für den internationalen Warenaustausch und die gesamte Schiffahrt darf man jedoch nicht unterschätzen.

Wanderung

Rund um den Bistensee

Entfernung: knapp 10 km; Wanderdauer: 2,5 Stunden

Der Weg ist mit Schildern, die ein weißes Segelboot auf rotem Grund zeigen, markiert. Auf halber Strecke kann man gut im „Töpferhaus" einkehren.

Wir beginnen die Tour am Parkplatz des Ortes Bistensee, der am gleichnamigen See gelegen ist. Sie erreichen den Ort entweder von der Autobahn-Abfahrt Rendsburg/Büdelsdorf aus über Holzbunge oder von der Abfahrt Owschlag über Ahlefeld.

Wir verlassen Bistensee in Richtung Holzbunge und gehen am See den „Uferweg" Richtung Campingplatz. Am Campingplatz geht es links in den Wald hinein, in dem wir uns rechts halten. Oberhalb des Campingplatzes wandern wir mit Blick auf den See zwischen Bäumen hindurch. Am Ende des Waldes biegt der Weg vom See ab und führt durch einen Eichenwald mit zum Teil dichten Adlerfarnbeständen. An einer Absperrung verläßt der Weg den Wald. Wir halten uns rechts, um alsbald zu einem Asphaltweg zu kommen, an dem wir links weitergehen, bis abermals eine Straße kreuzt. Hier gehen wir rechts durch das Waldstück und dann hinaus aufs freie Feld, das zum Teil mit kleinen Waldstücken, Weiden und Knicks durchsetzt ist.

Wir erreichen ein hübsches kleines Reetdachhaus: die „Werkstatt am Töpferhaus" (☎ 0 43 38 / 10 96). Hier können Sie Keramik-Werkstücke besichtigen und kaufen. Machen Sie auch einen Abstecher zum Hotel und Restaurant „Töpferhaus", wo Sie ein Stück am See entlanggehen können. Außerdem kann man im Restaurant mit guter Regionalküche und im Gourmetrestaurant ausgezeichnet speisen (☎ 0 43 38 / 4 02; Montag Ruhetag).

Der weitere Weg führt an die Hauptstraße nach Ahlefeld. Hier müssen Sie ein kurzes Wegstück ohne Rad- und Fußweg an befahrener Straße entlanggehen.

Sie biegen rechts bei „Schütt am See" ein und kommen, nach

58 Naturpark „Hüttener Berge" und Nord-Ostsee-Kanal

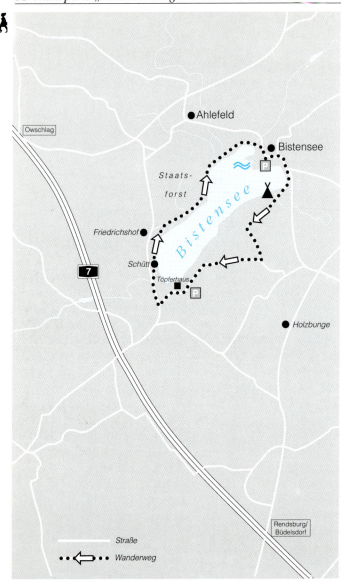

Naturpark „Hüttener Berge" und Nord-Ostsee-Kanal 59

einem kurzen Pfad am See entlang, wieder auf die Hauptstraße, die Sie bei erster Gelegenheit verlassen, um sich rechts in den Wald zu wenden. An dem kreuzenden breiteren Waldweg halten wir uns rechts und gehen durch zwei Klapptore über eine Weide wieder in den Wald. Vor Erreichen des Campingplatzes und einer Asphaltstraße, die nach Ahlefeld führt, biegen wir scharf rechts in ein Nadelwaldstück ab. Am Ende des Waldes geht es nach links; der Weg führt abermals über eine Weide und durch Klapptore ans Röhricht des Seeufers. Von hier führt der Wanderweg bis Bistensee landschaftlich reizvoll meist nahe am Wasser entlang. Wir wandern vorbei an Röhrichtstreifen, Erlen-Eschenwaldbeständen und herrlichen alten Buchen. Neben der dominierenden Erle, Esche, Schneeball und Schilfgras wachsen verschiedene andere Pflanzen hier am Ufer und im Bruchwald, die durch ihre sommerlichen Blüten auffallen: Die Engelwurz ist ein weißblühender Doldenblütler, der etwas rötlich angelaufene Stengel besitzt, die bis zu 2,5 Meter hoch werden können. Mit seinen pupurroten Blüten fällt uns der Blutweiderich auf, mit ebenfalls purpurroten Blüten das Weidenröschen, dessen Fruchtkapseln zur Reife aufgehen und zahllose silbrige Flughaare entlassen. Der Wasserdost zeigt sich mit fleischroten bis trübrosa Korbblüten, deren Röhreneinzelblüten schirmartige Doldentrauben bilden.

In Bistensee halten wir uns rechts Richtung Ort und gelangen zum zentral gelegenen Parkplatz zurück, wobei wir noch an einer kleinen Badestelle mit Liegewiese vorbeikommen. Zur Stärkung nach der Wanderung können Sie im benachbarten Ahlefeld im „Katerberg" (☎ 0 43 53 / 8 84; Montag Ruhetag) bei gutbürgerlicher Küche einkehren.

Wanderung
Am Aschberg
Entfernung: gesamt knapp 6 km; nur Waldlehrpfad:
knapp 3 km; Wanderdauer: ca. 2 bzw. knapp 1 Stunde
Der Aschberg ist mit seinen 98 Metern Höhe zwar nicht die

höchste Erhebung der Hüttener Berge, aber das Gebiet ist durch Wanderwege gut erschlossen, und man hat von hier aus einen eindrucksvollen Ausblick auf die umliegende Landschaft des Naturparks.

Wir erreichen den Aschberg auf der Straße von der Autobahnabfahrt Owschlag Richtung Eckernförde; der Weg nach Ascheffel und zum Aschberg ist ausgeschildert. Wir beginnen die Wanderung an einem kleinen Parkplatz, der, wenn wir von der Autobahn kommen, nach dem Abzweig Richtung Ahlefeld/Bistensee gleich auf der linken Seite in dem Waldstück liegt. Wenn Sie das Restaurant „Baumgarten" sehen, sind Sie schon etwas zu weit gefahren. An dem Parkplatz beginnt auch ein Waldlehrpfad der Gemeinde Bistensee, des Forstamts Neumünster und der Schutzgemeinschaft Deutscher Wald.

Wir haben von hier aus die Möglichkeit, zwei unterschiedlich lange Wanderungen zu unternehmen. Neben der etwa sechs Kilometer langen Tour über den Aschberg können wir auch den nur etwa drei Kilometer langen Waldlehrpfad gehen. Eine Beschreibung der Wegführung des interessanten Waldlehrpfades erübrigt sich, da dieser ausreichend gut ausgeschildert ist. Hier erfahren wir einiges über die Biologie und wirtschaftliche Bedeutung wichtiger heimischer und eingeführter Baumarten des Waldes. Auch Sträucher und Beerenpflanzen des Waldes werden vorgestellt.

Darüber hinaus wird auf die Nutzfunktionen des Waldes, die Lebewelt des Waldbodens, der Waldränder und des Totholzes eingegangen. Aus ökologischer und naturschutzorientierter Sicht würde man sich wünschen, daß auch auf einige Probleme hingewiesen würde wie z.B.: das Waldsterben, das auch in Schleswig-Holstein ein Thema ist; die Schwierigkeiten, die die intensive Forstwirtschaft für den Naturwald mit sich bringt; die Gefährdung einiger Wald-Gesellschaften, wie beispielsweise Erlen- und Weiden-Bruchwälder. Der Pfad ist dennoch lohnend, und auf dem Weg finden Sie auch Bänke und eine Schutzhütte zum Verweilen.

Die Tour zum Aschberg führt uns zunächst auch auf den Waldlehrpfad. Wo dieser aber vom Waldrand nach rechts in den Wald abbiegt, gehen wir geradeaus weiter. Kurz darauf kommen wir an ein Teilstück des mit weißen Andreaskreuzen markierten Hauptwanderweges. Wir gehen auf diesem Weg geradeaus, am Holzschlagbaum, an Knicks und Weiden vorbei, bis zur linken einige Häuser auftauchen.

Hier verlassen wir den Hauptwanderweg und wenden uns rechts auf die Asphaltstraße Richtung Aschberg. Der Weg führt bergan und offeriert zur Linken einen herrlichen Blick über die sanfte Moränenlandschaft mit Weiden, Wäldern, Knicks und Einzelbäumen. Es geht bergab, und bei nächster Gelegenheit biegen wir nach rechts; geradeaus kommt man in den Ort Ascheffel. An der hier kreuzenden Straße gehen wir abermals rechts und ersteigen nun die Anhöhe des Aschbergs. Oben gehen wir an der Jugendherberge vorbei und gelangen zum Aschberg-Restaurant (☎ 04353/593; Freitag Ruhetag), auf dessen Dach eine Aussichtsplattform eingerichtet ist.

Der Blick von hier aus kann bei günstigem Wetter bis Schleswig, zur Eckernförder Bucht und nach Kiel reichen. Wir schauen auf die eindrucksvollen, eiszeitlich entstandenen Endmoränen, die das Landschaftsbild der Hüttener Berge bestimmen. Von hier überblickt man auch gut, wie die für Schleswig-Holstein charakteristischen Knicks, die freiwachsenden Wallhecken, die Landschaft durchziehen.

Gegenüber liegt mit 106 Metern die höchste Erhebung der Hüttener Berge: der Scheelsberg, auf dem drei Radartürme der Bundeswehr stehen, die wie riesige aus dem Boden geschossene Pilze aussehen. Der Wanderweg, der über den Aschberg führt, ist wieder Teil zweier großer Wanderwege: Neben dem Europäischen Fernwanderweg Nordsee–Bodensee–Mittelmeer ist dieser Weg auch Teil des Naturparkweges. Wir gehen dann vorbei an dem imposanten sieben Meter hohen Bismarck-Denkmal, das ursprünglich im dänischen Apenrade stand, nach dem Ersten Weltkrieg nach Deutsch-

Naturpark „Hüttener Berge" und Nord-Ostsee-Kanal

Vom fast 100 Meter hohen Aschberg (großes Bild) ergibt sich ein reizvoller Rundumblick über den etwa 22 000 Hektar großen Naturpark „Hüttener Berge".
Das Bismarckdenkmal (kleines Bild) auf dem Aschberg stand ursprünglich im dänischen Apenrade, wurde aber nach einigen Umwegen im Jahre 1930 in den Hüttener Bergen aufgestellt.

64 Naturpark „Hüttener Berge" und Nord-Ostsee-Kanal

land kam und schließlich über einige Umwege im Jahre 1930 seinen heutigen Platz auf dem Aschberg gefunden hat.
Der Weg führt zum Teil recht steil bergab in den Wald hinein. Wenig später stoßen wir wieder auf den Waldlehrpfad und gehen auf diesem weiter bergab. Wo er rechts abbiegt und durch den Wald parallel zur Hauptstraße zum Parkplatz zurückführt, liegt an der Straße das Waldgasthaus „Baumgarten".

Radtour
Hüttener Berge
Groß Wittensee – Damendorf – Bistensee – Brekendorf – Ascheffel – Damendorf – Goosefeld – Haby – Groß Wittensee Entfernung: kleine Runde ca. 29 km; erweiterte Tour ca. 41 km – Dauer: ca. 3 bzw. 4 Stunden

Die Tour kann vom Bahnhof Eckernförde Richtung Windeby über das nur wenige Kilometer entfernte Goosefeld problemlos angesteuert werden. Die eigentliche Tour beginnen wir in Groß Wittensee, wo es eine hübsche kleine Badestelle mit Liegewiese am Wittensee gibt. Wahrzeichen des erstmals 1327 erwähnten Bauerndorfs ist die im Jahre 1877 erbaute Windmühle, die im Rahmen der Dorferneuerung durch private Spenden und Mittel des Denkmalschutzamtes renoviert werden konnte.
Der Wittensee, der eine charakteristische rechteckige Form aufweist, ist mit rund 1 000 Hektar der größte See im Landesteil Schleswig. Es ist ein typischer eiszeitlich entstandener Zungenbeckensee, dessen Erdmassen durch das Eis zu den südwestlich des Sees gelegenen Stauchmoränen von Duvenstedt (bis zu 70 Meter Höhe) aufgeschoben wurden. Der See und seine Ufer sind als Landschaftsschutzgebiet ausgewiesen, und es gibt einige interessante Verlandungsgebiete (besonders im Bereich der Habyer Au), Quellbereiche, Feuchtgrünland und Bruchwälder.
Haubentaucher, Graugans und Reiherente haben hier ein bedeutendes Brutgebiet, aber auch Rohrdommel, Flußsee-

Abendstimmung am Wittensee mit Blick auf den Ort Groß Wittensee und die hoch über dem Ort liegende restaurierte Mühle.

schwalbe, Kormoran und verschiedene Schilfbewohner brüten am See. Für die Freizeitnutzung in den Hüttener Bergen ist der Wittensee eine der Hauptattraktionen.

Wir radeln zunächst Richtung Klein Wittensee, vorbei am Hotel und Restaurant „Schützenhof" (☎ 0 43 56 / 17 66), und biegen noch vor dem Ortsausgang Groß Wittensees Richtung Kirchhorst ab. In diesem Ort kommen wir am Antik-Lager (☎ 0 43 56 / 13 11) vorbei und haben einen Ausblick auf die bereits erwähnte Mühle Groß Wittensees.

Auf halber Strecke von Groß Wittensee nach Kirchhorst, an einem Feldstein mit der Aufschrift „Lütt Moor", geht es rechts zum knapp 15 Hektar großen Naturschutzgebiet (NSG) „Groß Wittenseer Moor". Das Gebiet, das seit dem Jahre 1942 als NSG ausgewiesen ist und vom Landesjagdverband betreut wird, ist nicht durch Wanderwege erschlossen. Neben einigen Resten mit hochmoortypischen Wollgras- und Torfmoosarealen sowie kleinen Flecken mit Glocken- und Besenheide ist der größte Teil mit Pfeifengras bewachsen. In den Randbereichen stehen Birken, Erlen und verschiedene Weiden. Ein Abstecher dorthin beträgt hin und zurück etwa zwei Kilometer.

In Kirchhorst kommen wir an einem kulturhistorischen Denkmal vorbei: eine Flachsdarre aus dem 19. Jahrhundert. Die Reste der hier zu besichtigenden Anlage gehören zu einer alten Trocknungsanlage von Flachs (Lein). Diese alte Kulturpflanze, die bereits seit dem 5. Jahrtausend v. Chr. aus dem Euphrat- und Tigrisgebiet bekannt ist, liefert neben den ölhaltigen Samen nach der Trocknung vor allem Fasern (Flachs), die bis ins 19. Jahrhundert große Bedeutung für die Tuch- und Textilherstellung hatten.

In Damendorf halten wir uns links und fahren Richtung Spann/Fresenboje. Kurz vor der Hauptstraße biegen wir links in einen nicht asphaltierten Knickweg ein, der auf eine Straße führt, die uns geradeaus, am Ende rechts und in Bistensee wieder rechts Richtung Ahlefeld führt. In Bistensee gibt es eine Badestelle am See (siehe auch Wanderung

Rund um den Bistensee S. 57). Von hier können wir auch westlich am Wittensee entlang nach Bünsdorf fahren und die andere Radtour des Gebiets am Kanal unternehmen.

Im Hotel und Restaurant „Katerberg" (☎ 04353/884; Montag Ruhetag) in Ahlefeld bekommen Sie Deftiges aus heimischer Küche (z.B. Wittenseer Aal in Gelee) oder Wildragout aus hiesiger Jagd serviert.

Wir überqueren auf dem weiteren Weg die Hauptstraße nach Eckernförde Richtung Lehmberg. Der Betonspurweg führt sehr hübsch an einer Schutzhütte und verschiedenen Parkplätzen vorbei durch den Brekendorfer Forst, durch den wiederum verschiedene Wanderwege führen. In Brekendorf kommen wir an dem Café und Restaurant „Waldhütte" (☎ 04336/3568; Montag und Dienstag Ruhetag) heraus, fahren in den Ort und biegen rechts auf die Dorfstraße. Kurz vor dem Ortsausgang weist ein Schild zur Försterei und zu einem Wanderparkplatz. Hier können Sie einen Abstecher zu dem idyllisch im umliegenden Wald eingebetteten Rammsee unternehmen. Es sind hin und zurück knapp zwei Kilometer. Der Weg geht bergauf bis zum See.

Kurz nach dem Ortsschild, noch vor dem Straßenabzweig nach Ascheffel, biegt rechts ein Sand- und Schotterweg ein, der an einem Parkplatz vorbei bergan führt. Hier halten wir uns bergauf auf den 87 Meter hohen Brekenberg. Mancher Mittelgebirgler mag sich an seine Heimat erinnert fühlen und ist erstaunt, solche Steigungen in Schleswig-Holstein vorzufinden.

Wir passieren eine Schutzhütte und erreichen den Scheelsberg (106 m), auf dem eine Radaranlage der Bundeswehr steht. Man kann sie vom einige Kilometer entfernten Aschberg sehr gut sehen. An Knicks (guter Ausblick von oben) entlang führt der asphaltierte Weg bergab, am Gästehaus und Restaurant Klaus Rathmann vorbei, auf die Straße nach Ascheffel, von wo Sie bequem einen Abstecher auf den Aschberg unternehmen können (siehe Wanderung Am Aschberg S. 59).

In Ascheffel sehen wir ein Storchennest auf einem Hausdach, in dem bislang erfreulicherweise immer ein Paar brütet, und halten uns Richtung Hütten/Hummelfeld. Am Abzweig liegt an der parallel laufenden Hauptstraße das Restaurant „Alter Bahnhof". Wo die Straße nach Hummelfeld abzweigt, sehen wir bereits die Kirche der Ortschaft Hütten, die wir durchfahren. Die frühgotische Kirche, die um 1300 erbaut worden ist, besitzt einen Chor aus der Zeit um 1520. In den Jahren 1965/66 wurde die Kirche umfassend renoviert.

Hütten, das den Bergen und damit dem gesamten Naturpark seinen Namen gegeben hat, geht zurück auf die Existenz einer Glashütte, die im Mittelalter die noch reichlich vorhandenen Waldbestände zur Glasherstellung nutzte. Am Ortsausgang biegen wir Richtung Langenkamp ein, überqueren die Hauptstraße schräg links und erreichen so wieder Damendorf. Wir halten uns links Richtung Groß Wittensee und radeln am Klärwerk vorbei. Am Abzweig Jürgensrade/Osterby können wir die kleine Tour nach knapp zwei Kilometern beenden, indem wir geradeaus nach Groß Wittensee zurückfahren.

Für die Fahrer der etwas größeren Runde geht es in Jürgensrade rechts Richtung Langhorst und später nach Goosefeld (Anschluß nach Eckernförde) weiter. Hier überqueren wir bei der Gaststätte „Landkrug" die B 203 und fahren in den Ort hinab, wo es am Ortsende Richtung Lehmsiek/Profit weitergeht. Am Abzweig der Straße „Hexenberg" liegt zur Rechten auf dem Feld ein steinzeitliches Langbett, das wir über das Feld, so es abgeerntet ist, ansteuern können. Etwas weiter führt am Knick entlang auch ein Weg direkt zu diesem archäologischen Denkmal.

Das „Riesenbett" wurde von Angehörigen der Trichterbecherkultur erbaut und stammt von etwa 2 500 v. Chr. Es ist 41 Meter lang und sieben Meter breit. Im Grab wurden ein Trichterbecher, Flintbeile und Bernsteinperlen als Grabbeigaben gefunden.

Naturpark „Hüttener Berge" und Nord-Ostsee-Kanal 71

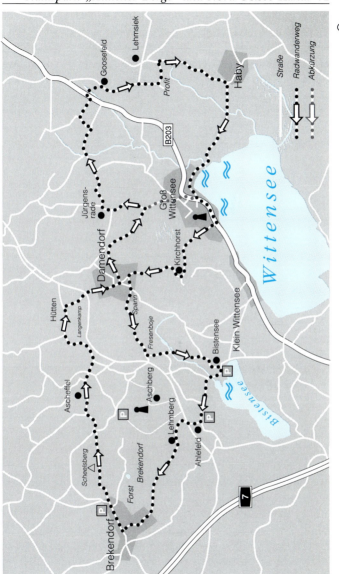

Wir halten uns ein Stück weiter geradeaus, folgen dann dem Verlauf des Weges nach links und wenden uns an der Hauptstraße rechts auf den Radweg Richtung Haby. Kurz vor dem Ort biegen wir nach Groß Wittensee ab. Der Weg führt durch ein kleines Gehölz an den Wittensee. Hier liegen zwei kleine Badestellen, an denen auch Surfer ihre Bretter zu Wasser lassen können. Von dort führt uns ein schmaler Wanderpfad wieder nach Groß Wittensee. Wir bleiben auf der Straße und radeln zu unserem Ausgangspunkt zurück.

Radtour
Nord-Ostsee-Kanal und alter Eiderkanal
Wittensee – Sehestedt – Bredenbek – Landwehr – Wittensee
Entfernung: ca. 46 km; Dauer: ca. 5 Stunden
Der Seeweg durch das Skagerrak, das Nord- und Ostsee verbindet, ist nicht nur eine weite und zeitraubende, sondern auch eine besonders gefahrvolle Wasserverbindung. Deshalb zogen es schon die Wikinger vor, die sichere Schlei bis zum Handelsort Haithabu hinaufzusegeln, ein Stück über Land zu gehen, um dann über die Flüsse Treene und Eider die Nordsee zu erreichen.
Im Jahre 1784 wurde der Eiderkanal eröffnet, der von Kiel-Holtenau bis Rendsburg und über die Eider Nord- und Ostsee verband. Dieser wurde wiederum durch den 1895 fertiggestellten Nord-Ostsee-Kanal (NOK) abgelöst. Dieser Kanal, der heute die meistbefahrene künstliche Wasserstraße der Welt ist, führt über eine Strecke von hundert Kilometern quer durchs Land von Kiel-Holtenau bis nach Brunsbüttel an der Elbe. Auf der folgenden Tour geht es nicht nur am modernen, vielbefahrenen Nord-Ostsee-Kanal entlang, sondern es liegen auch verschiedene, meist idyllisch abgelegene Reste des alten Eiderkanals entlang der Strecke.
Die Tour beginnt in Bünsdorf am Südende des Wittensees am Parkplatz nahe der Badestelle. Kommen Sie mit der Bahn nach Rendsburg, so können Sie am Nordufer des NOK bis nach Sehestedt radeln und dort die Fähre nehmen. Von

Naturpark „Hüttener Berge" und Nord-Ostsee-Kanal 73

Bünsdorf aus fahren wir zunächst Richtung Sehestedt/Steinrade. An der Hauptstraße geht es ein Stück links und dann, an einem Wanderparkplatz vorbei, auf einem Schotterweg zum Kanal hinab.

Man sollte tunlichst nicht mit zuviel Schwung auf den Kanal zufahren, da man sonst in Gefahr gerät, direkt hineinzurollen. In der Ferne ist die Brücke der A 7 Hamburg−Flensburg über dem Kanal zu sehen. Wir fahren direkt am Kanal entlang in die andere Richtung bis zur Fähre Sehestedt (hier auch einige Parkmöglichkeiten), die, wie alle Überquerungen des NOK, kostenlos ist.

Auf der anderen Seite führt der Weg Richtung Bovenau über die Alte Eider, vorbei am Gut Osterrade mit seinen großen reetgedeckten Gebäuden, nach Kluvensik. Hier überquert die Straße ein Teilstück des ehemaligen Eiderkanals. Heute wird der zum Teil verlandende alte Kanal zum Angeln und für stille Bootsfahrten genutzt. Die alten gußeisernen Brückenportale der früheren Klappbrücke stehen noch über dem Kanal. Oben finden sich die Initialen Friedrich VII., des letzten gesamtstaatlich-dänischen Königs.

Am Gut Kluvensiek führt nach links ein Rad- und Fußweg ein, an dessen Ende wir uns zweimal links halten, um durch Wakendorf Richtung Bredenbek durchzuradeln. Für Kirchen-Interessierte ist ein Abstecher ins nahe Bovenau lohnend, wo eine frühgotische Feldsteinkirche aus dem 13. Jahrhundert steht.

In Bredenbek fahren wir durch den Ort Richtung Achterwehr vorbei an „Kreys Gasthof" (☎ 0 43 34 / 3 30, Mittwoch Ruhetag). Am Ortsausgang geht es Richtung Kleinkönigsförde und bei Möglin weiter Richtung Krummwisch. Ein Abstecher geradeaus nach Kleinkönigsförde (hin und zurück ca. sechs km) zur 1987 restaurierten Schleuse und zur holländischen Klappbrücke ist lohnend. Es handelt sich hierbei um eine der ehemals sechs Schleusen des Eiderkanals.

Über Krummwisch geht es weiter nach Großnordsee. Am Abzweig Stoffsee/Moorkamp ist ein Abstecher zum Natur-

74 Naturpark „Hüttener Berge" und Nord-Ostsee-Kanal

Die mit einem Aufwand von über einer Million DM restaurierte alte Schleuse und Klappbrücke von Kleinkönigsförde (oben) gehören zu den besonders sehenswerten Resten des Alten Eiderkanals.

Der Eiderringkanal (unten), über den die ehemals durch den Flemhuder See fließende Eider umgeleitet wurde, mündet an der Schleuse Strohbrück in den Nord-Ostsee-Kanal.

Naturpark „Hüttener Berge" und Nord-Ostsee-Kanal

schutzgebiet „Jägerlust" möglich (etwa drei km hin und zurück). Dieses Überschwemmungsgebiet, das man von der vorbeiführenden Straße aus (möglichst mit Fernglas) einsehen kann, sieht mit den im Wasser stehenden abgestorbenen Bäumen, auf denen die Vögel rasten, sehr bizarr aus. Die Wasserfläche ist ursprünglich durch einen verstopften Wegdurchlaß entstanden.

In Großnordsee geht es die schöne Kastanien- und Lindenallee des Guts entlang zur B 202. An dieser fahren wir links über die Autobahn nach Achterwehr. Kurz vor dem Abzweig Westensee (hier besteht Anschluß an die Rund-Westensee-Tour S. 94), noch vor dem Ort Achterwehr (Gaststätte), biegt links ein Betonspurweg ein. Dieser führt später an der Eider und, landschaftlich reizvoll, zwischen Eider Ringkanal und Flemhuder See entlang, zum NOK. Nach Unterqueren der Autobahn liegt rechter Hand auf der anderen Seite des Ringkanals der Ort Flemhude mit einer alten Feldsteinkirche aus der Mitte des 13. Jahrhunderts. Flemhude war im 13. und 14. Jahrhundert für die Handelsschiffahrt von Bedeutung: Flämische und holländische Schiffe kamen die Eider hinauf bis zum Westensee, um ihre Waren in Flemhude, Westensee und Hohenhude zu löschen.

Der Weg, der bei Regen matschig sein kann und später im Wald durch Baumwurzeln etwas holperig ist, führt an den NOK und zur Schleuse Strohbrück, die den einige Meter höher liegenden Ringkanal zum NOK abriegelt. Es ist interessant, sich den Schleusungsvorgang einmal in Ruhe anzusehen, bevor man am NOK weiterfährt. An der Imbißstation vorbei fahren wir später rechts nach Landwehr und vorbei an der „Kanalschänke" (☎ 04340/259, Mittwoch Ruhetag) zur Fähre.

In Schinkel ist ein Abstecher zum Gut Rosenkranz möglich. Besonders beeindruckend ist das 1895 in Renaissanceformen erbaute große Torhaus des Herrenhauses. An der Kreuzung etwa zwei bis drei Kilometer nach Schinkel geht es links nach Großkönigsförde. Ein Abstecher rechts Richtung Revensdorf führt auf der linken Seite nach 600 Metern zu einem interessanten Relikt aus der Eiszeit. Hier liegt der größte Findlingsblock Schleswig-Holsteins. Wer um die landschaftsbildenden Kräfte der Eiszeiten weiß, ist sicher nicht weiter erstaunt, daß die Eismassen mühelos derartige Gesteinsbrocken dieser Größenordnung in der Gegend herumgeschoben haben.

In Großkönigsförde geht es, vorbei am „Lindenkrug" (☎ 04346/8725), auf dem Kanalweg hinunter zum NOK. Von hier fahren wir direkt am Kanal entlang wieder zur Fähre Sehestedt. Das Überholen der großen Frachtschiffe mit dem Fahrrad ist kein Problem, da sie auf dem Kanal einer Geschwindigkeitsbeschränkung von 12–15 Kilometer pro Stunde (6,5–8,1 Knoten) unterliegen.

Ornithologische Beobachtungen am Kanal können lohnend sein: Verschiedene Entenarten, Höckerschwan oder Haubentaucher führen vielleicht ihre Jungen vorbei, oder Möwen, Kormorane und Flußseeschwalben kommen auf ihrer Nahrungssuche am Kanal entlang.

In Sehestedt fahren wir durch den Ort, der eine Kirche aus dem 13. Jahrhundert mit einem spätromanischen Feldsteinschiff besitzt. Ein Denkmal (Obelisk) erinnert an die Schlacht bei Sehestedt im Dezember des Jahres 1913. Vorbei am „Landhaus Sehestedt" (☎ 04357/1070, Montag Ruhetag) fahren wir auf der Hauptstraße Richtung Rendsburg etwas mehr als einen Kilometer, um bei Gruhl Richtung Wentorf abzubiegen. Am Wittensee entlang erreichen wir wieder Parkplatz und Badestelle in Bünsdorf. Hier können Sie noch die Feldsteinkirche aus dem 13. Jahrhundert besichtigen, die eine schöne Bronzetaufe aus dem Jahre 1665 besitzt.

Naturpark „Hüttener Berge" und Nord-Ostsee-Kanal 77

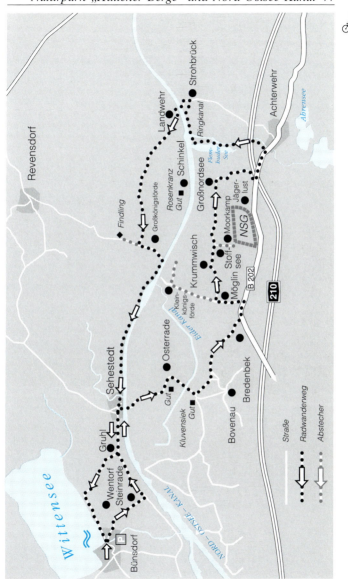

Naturpark „Westensee"

Der 250 Quadratkilometer große Naturpark „Westensee", der seit 1969 existiert, liegt im Dreieck der Städte Rendsburg, Kiel und Neumünster. Er wird zum Teil durch die Autobahnen, die diese Städte verbinden, begrenzt. Im südlichen, südwest- und südöstlichen Teil gehen die Grenzen des Naturparks allerdings über den Bereich der sich bei Bordesholm Richtung Kiel und Flensburg gabelnden Autobahn hinaus. Durch diese günstige Verkehrsanbindung ist er schnell und bequem mit dem Auto zu erreichen. Dafür wird man aber auf einigen Touren, die die Peripherie des Naturparks streifen, mit dem Anblick und dem Lärm der auf den Autobahnen dahinrasenden Fahrzeuge konfrontiert.

Trotz der schnellen Erreichbarkeit des Naturparks kann das Gebiet keineswegs als überlaufen bezeichnet werden. Es steht wie ganz Mittelholstein als Urlaubsziel nach wie vor im Schatten der Küsten von Nord- und Ostsee. Dadurch bietet der Naturpark in weiten Bereichen die Möglichkeit, Ruhe und Einsamkeit zu genießen; darüber hinaus hat die sanft hügelige Jungmoränenlandschaft mit ihren eingestreuten Wäldern, Mooren, Knicks und zahlreichen Seen eine abwechslungsreiche Natur zu bieten.

Von den höchsten Erhebungen des Naturparks wie Tüteberg, Blotenberg und Kieler Berg, die durch Wanderwege erschlossen sind, kann man sich einen schönen Überblick über die reizvolle Landschaft und den Westensee verschaffen, wenngleich eine Höhe von 100 Metern nirgendwo überschritten wird.

Im Zentrum des Naturparks „Westen den See", so der ursprüngliche Name, liegt das Kirchdorf Westensee mit dem gleichnamigen Gut und der St. Catharinenkirche, die um die Mitte des 13. Jahrhunderts errichtet wurde. Das berühmteste

Naturpark „Westensee" 79

Die alte Wallfahrtskirche St. Catharinen in Westensee (Mitte des 13. Jahrhunderts erbaut) hat ihren gotischen Backsteinchor später, um 1300, erhalten.

Ausstattungsstück ist das Grabmonument von Daniel v. Rantzau, Gutsherr von Nienhof, der als Feldherr großen Ruhm erwarb, indem er die dänischen Streitkräfte bis zu seinem Tod im Jahre 1569 gegen die Schweden führte. In der Kirche finden jeden Sommer die sogenannten Catharinen-Konzerte statt, bei denen vor allem der musikalische Nachwuchs gefördert wird.

Neben einer Vielzahl von Resten vorgeschichtlicher Denkmäler – ehemals stattliche steinzeitliche Großsteingräber und bronzezeitliche Grabhügel –, die im Westenseenaturpark verteilt sind, gibt es auch Sehenswertes aus neuerer Zeit: Die als die „drei Schlösser am Westensee" bezeichneten Herrenhäuser Schierensee, Deutsch-Nienhof und Emkendorf gehören zu den besonderen Baudenkmälern des Gebiets. Alle drei liegen an einer Straße, die sich südlich des Westensees in Ost-West-Richtung erstreckt.

Das Herrenhaus Schierensee wurde in den Jahren 1776−1782 von Caspar v. Saldern erbaut, dem Berater und engen Vertrauten von Zar Peter III. Nach dessen Ermordung versah er dasselbe Amt auch bei seiner Gemahlin, Zarin Katharina II.

Der zweigeschossige Dreiflügelbau von Deutsch-Nienhof hatte mit dem bekannten Historiker Paul v. Hedemann-Heespen seinen bedeutendsten Besitzer.

Das wohl bekannteste der drei Herrenhäuser ist das von Emkendorf, das als einer der schönsten frühklassizistischen Bauten des Landes gilt. Um 1795 ließen die damaligen Besitzer, das Ehepaar Graf Fritz und Gräfin Julia Reventlow (geborene Schimmelmann) den ursprünglichen Barockbau im klassizistischen Stil umbauen. Sie machten Emkendorf auch zu einer der bedeutendsten Kulturstätten Norddeutschlands. Besonders die kunstverständige Julia versammelte eine ganze Reihe führender Persönlichkeiten der Zeit um sich, vor allem aus dem Bereich der Schönen Literatur. Friedrich Gottlieb Klopstock, Johann Kaspar Lavater, die Brüder Christian und Friedrich Reichsgrafen zu Stolberg-Stolberg und Matthias Claudius, dessen Abendlied „Der Mond ist aufgegangen" weithin bekannt ist, gehörten zum Emkendorfer Kreis und waren des öfteren zu Gast im Herrenhaus. Neben einer Reihe von kulturellen Veranstaltungen finden heute in Emkendorf auch alljährlich Konzerte des Schleswig-Holstein Musikfestivals statt.

Von diesen drei in Privatbesitz befindlichen Herrenhäusern kann lediglich Emkendorf von Gruppen und nach Voranmeldung besichtigt werden (Info beim Fremdenverkehrsverband Westensee oder unter ☎ 04330/463, Kinder unter 15 Jahren haben keinen Zutritt).

Von den 25 Seen des Naturparks ist der Westensee der bekannteste und mit 767 ha Fläche auch der größte. Er wird von dem längsten Fluß Schleswig-Holsteins, der in die Nordsee mündenden Eider, durchflossen. Früher bildete der Westensee den Endpunkt eines wichtigen Schiffahrtsweges zwischen Nord- und Ostsee. Flämische und holländische Kaufleute löschten ihre Waren an Stapelplätzen in Flemhude, Hohenhude und Westensee (Hude = Stapelplatz). Dadurch konnte der weite und gefährliche Weg um Skagen gespart werden. Später übernahmen der Eiderkanal und danach der heute noch wichtige Nord-Ostsee-Kanal die Funktion einer schnellen und sicheren Wasserverbindung zwischen den beiden Meeren.

Der Westensee besitzt eine Reihe erhaltenswerter Naturelemente: Er ist besonders reich an Verlandungsgebieten mit Großseggenriedern, Röhrichten, Mooren und Bruchwäldern. Darüber hinaus gibt es wertvolle Feuchtgrünländer, Quellbereiche, einen ausgedehnten Röhrichtgürtel und naturnahe Uferwaldstreifen. Obwohl die Wasserqualität des Sees zwar verbesserungsbedürftig ist, befindet sich der größte Teil der Ufer in einem intakten Zustand mit hoher Naturschutzwürdigkeit. Daher wurde im Jahre 1989 der gesamte Nordteil des Sees mit Ahrensee als 65,5 ha großes Naturschutzgebiet (NSG) „Ahrensee und Nordöstlicher Westensee" ausgewiesen.

82 Naturpark „Westensee"

Während Naturparks keinen besonderen Naturschutzstatus aufweisen können, sondern vielmehr eine schöne, vielgestaltige Landschaft für den Fremdenverkehr erschließen sollen, stellen Landschafts- (LSG) und besonders Naturschutzgebiete (NSG) einen gesetzlichen Schutz für die Natur dar.
Neben einigen LSG gibt es im Naturpark noch drei bestehende und einige geplante NSG. In zwei NSGs werden Teichgebiete, die eine besondere Bedeutung für die Vogel- und Amphibienwelt besitzen, geschützt: Dies sind „Methorst- und Rümlandteich" und „Bokelholmer Fischteiche" (siehe Wanderung S. 88). Neben dem NSG „Wennebeker Moor und Wennebekniederung" bei Dätgen gibt es südlich des Naturparks in Richtung Neumünster noch das kleine Vogelschutzgebiet NSG „Einfelder See" und als vergleichsweise großen Hochmoorrest das NSG „Dosenmoor" (siehe Ausflüge in die Umgebung S. 138).
Im Süden des Naturparks befinden sich ebenfalls große Moore, in denen zum Teil noch Torf abgebaut wird.
Zwischen dem Naturpark „Westensee" und dem sich südlich anschließenden Naturpark „Aukrug" liegt der Ort Nortorf mit einem Skulpturenpark, in dem Werke schleswig-holsteinischer Künstler ausgestellt sind. Am Südostrand des Naturparks liegt der geschichtsträchtige Ort Bordesholm mit einer interessanten gotischen Klosterkirche und einer mehrere hundert Jahre alten Dorflinde.

Drei-Seen-Wanderung:
Großer und Kleiner Schierensee und Westensee
Entfernung: ca. 7 km; Wanderdauer: ca. 2 Stunden
Den Ausflug ins Gebiet dieser drei Seen beginnen wir auf einem Wanderparkplatz in der Nähe des Ortes Wrohe am Westensee. Wir finden die Parkmöglichkeit an der Straße südlich des Westensees nach Durchfahren des Ortes Schierensee kurz vor Wrohe auf der rechten Seite.
Die Wanderung führt uns zunächst bergab. Alsbald taucht rechts der Große Schierensee zwischen den Bäumen auf.

Nach einem kleinen Wegstück durch einen Fichtenforst überqueren wir auf einer Brücke die Verbindung von Großem und Kleinem Schierensee. Diese beiden bilden zusammen mit dem Westen- und Ahrensee eine zusammenhängende Seenplatte. Kurz darauf gibt es die Möglichkeit, sich auf dem Pfad geradeaus zu halten und nahe dem Kleinen Schierensee zu wandern, auf den man von diesem Wegstück aus einen herrlichen Blick hat.

Auf dem Hauptweg, den man auch nach dem Abstecher entlang des Kleinen Schierensees wieder erreicht, folgt eine Kreuzung, die geradeaus, an einem Wildschweingehege vorbei, um den Großen Schierensee führt. Wir halten uns links und bleiben am Kleinen Schierensee, auf den wir bisweilen einen herrlichen Blick genießen können.

Kurz bevor wir den etwa 700 Meter langen Unteren Schierenseebach erreichen, betreten wir den südlichen Teil des Naturschutzgebiets „Ahrensee und nordöstlicher Westensee". Dieser Bach, der den Kleinen Schierensee in den Westensee entwässert, besitzt einen vergleichsweise naturnahen Lauf mit Altarmen und angrenzenden Erlenbrüchen. Biologen der Universität Kiel haben die Fauna dieses Fließgewässers intensiv untersucht. In dem kurzen Stück des Schierenseebachs konnten bislang über 500 verschiedene Arten wirbelloser Tiere nachgewiesen werden.

Wir überqueren diesen Bach über eine Holzbrücke und kommen auf die befestigte Straße, die rechts nach Hohenhude und links nach Wrohe führt (am Wochenende für Kraftfahrzeuge gesperrt). Nach ihrer Überquerung gehen wir auf der gegenüberliegenden Seite den Wanderweg weiter durch den Wald in Richtung der „Hohburg" genannten Halbinsel im Westensee. Wir halten uns rechts entlang dem großen Verlandungsgebiet, das hier als trockener Bruchwald mit Erlen und Eschen ausgebildet ist.

Bald erreichen wir den Westensee und sehen links oben auf der Anhöhe eine Hütte stehen. Rechts blicken wir auf die schilfbewachsenen Ufer des Westensees und eine kleine inselartige Schilffläche. In der Nähe des Steges führt der Weg links den Berg hinauf, direkt an der Hütte vorbei, die einem Wanderverein gehört. Rechter Hand können wir dann durch die Bäume hindurch die große Fläche des Westensees überblicken, an einigen Stellen können wir sogar rechts und links des Weges auf den See schauen. Auf dieser günstig gelegenen Anhöhe hatten die Herren von Westensee im 13. und 14. Jahrhundert eine Burg errichtet, um als Piraten erfolgreich die vielen Handelsschiffe ausnehmen zu können.

Wir bleiben auf diesem Weg, der einmal recht steil ansteigt. An dieser Stelle steht links ein ungewöhnliches Baumpaar: Dort wachsen, sich berührend, eine Kiefer und eine Buche direkt nebeneinander.

Sobald der Kleine Schierensee wieder in Sicht kommt, erreichen wir wenig später die Straße Hohenhude–Wrohe. Wir wenden uns nach rechts und erreichen den Campingplatz und das Ortsschild Wrohe. Etwa 100 bis 200 Meter weiter geht es links wieder auf einem Weg in den Wald. Wer einkehren möchte, bleibt auf der Straße und erreicht nach ca. 200 Metern eine Badestelle und das Restaurant „Zum Fischmeister" (☎ 0 43 05 / 7 73, Montag Ruhetag), wo es Zanderfilet und sauer eingelegten Westenseer Aal gibt. Man kann aber auch auf der Terrasse, die einen herrlichen Blick über den Westensee bietet, einen Kaffee trinken.

Der „Fischmeister" am See bietet neben Räucheraal auch andere geräucherte und lebende Fische des Westensees zum Kauf an. Vor allem zappeln Plötze und Brachsen, aber auch Hechte, Barsche, Aale, Schleie und Karpfen in den Reusen und an den Haken.

Im Wald erreichen wir bald wieder die Stelle, wo die Brücke über die Verbindung von Kleinem und Großem Schierensee führt, und rechts den Berg hinauf durch den Fichtenforst geht es zurück zum Parkplatz.

Für denjenigen, der noch Zeit und Puste hat für die fast sechs Kilometer lange Umrundung des Großen Schierensees, sei hier noch kurz die Wegbeschreibung angegeben. Etwa hun-

Naturpark „Westensee" 85

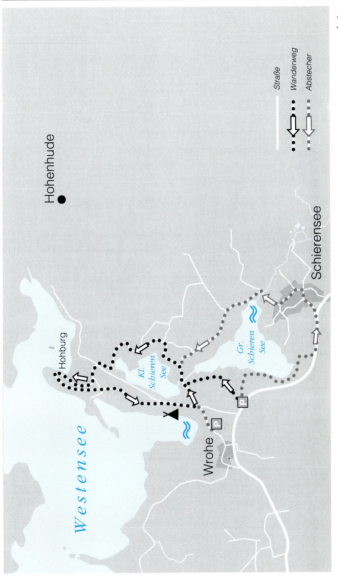

dert Meter vor dem Parkplatz geht eine Abzweigung in Richtung Großer Schierensee ab. Der Weg führt zum Teil direkt am See, aber auch an der Hauptstraße entlang. Im Ort Schierensee halten wir uns auf der Poststraße und gehen an der Badestelle vorbei. Dann biegen wir in den Weg „Zum Heidberg" in den Wald ein, um, am Wildschweingehege vorbei, wieder an die Verbindung von Kleinem und Großem Schierensee zu gelangen.

Wanderung
Tüteberg bei Westensee
Entfernung: ca. 3 km; Wanderdauer: ca. 1 Stunde
Diese Wanderung führt auf eine der höchsten Erhebungen im Naturpark „Westensee", den Tüteberg (88 m), von dem man einen herrlichen Blick auf den Bossee und den Westensee hat.
Wir starten an der St. Catharinen-Kirche im Dorf Westensee und gehen Richtung Jugendherberge. Bereits nach dem ersten Haus führt der Wanderweg rechts den Berg hinauf. An der alten Esche geht es vorbei, danach durch ein weites Getreidefeld und später über Schafweiden den Berg hinauf. Der Tüteberg ist Teil einer sehr deutlich ausgeprägten eiszeitlich entstandenen Endmoräne. Von hier aus blickt man in Richtung Norden in das Westensee-Zungenbecken, in dem der zu der Endmoräne gehörende Gletscher lag.
Der Abstieg (Wegmarkierung: rotes Karo) führt uns zunächst an verschiedenen Knicks entlang. Diese bieten, besonders zur Blütezeit von Weißdorn und Holunder im Frühjahr und Frühsommer, ein beeindruckendes Bild. Weitere typische hier wachsende Knickpflanzen sind: Hasel, Schlehe, Esche, Pfaffenhütchen, Brombeere und Hopfen; einige große Eichen sind als sogenannte „Überhälter" im Knick stehengelassen worden und hochgewachsen. Wo der Wanderweg in die Asphaltstraße übergeht, steht ein häßlicher Kasten. Es ist das Silo einer Hofanlage, die ein Amerikaner in den 50er Jahren als eine Farm im amerikanischen

Naturpark „Westensee" 87

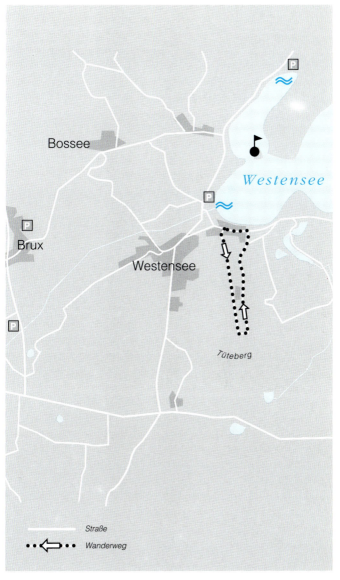

Stil hier aufbauen wollte. Im Hof sind z. T. Ferienwohnungen untergebracht. Das Silo selbst wird nicht genutzt.
Die Straße kommt direkt bei der modernen Jugendherberge am See heraus, und am Westensee entlang geht es zurück zur St. Catharinen-Kirche.

Wanderung
Naturschutzgebiet „Methorst- und Rümlandteich", Abstecher nach Emkendorf
Entfernung: ca. 4 km (nur die Teichwanderung),
Wanderdauer: ca. 1 Stunde
Zusammen mit den etwas weiter südlich im Naturpark gelegenen Bokelholmer Fischteichen stellen Methorst- und Rümlandteich als Naturschutzgebiet ausgewiesene Teiche im Naturpark Westensee dar, die vor allem durch ihre besondere Vogelwelt bedeutsam sind.
Methorst- und Rümlandteich wurden im Jahre 1957 unter Naturschutz gestellt. Das gemeinsame Naturschutzgebiet umfaßt die beiden Fischteiche mit einer Fläche von je etwa 23 Hektar. Kurioserweise wurden die wertvollen Uferbereiche mit Röhrichten, Bruchwäldern und Sumpfwiesen nicht mit in das Naturschutzgebiet aufgenommen.
Die Geschichte der Teichwirtschaft in Schleswig-Holstein geht auf die Mönche zurück, die sich durch sie während der Fastenzeit wenigstens köstliche Fischmahlzeiten sichern wollten. Im Zuge der Säkularisierung sind solche Teiche vielfach in den Besitz der Güter übergegangen.
Auch für das Gut Emkendorf wird ein umfangreiches Teichareal angenommen. Ihren Höhepunkt erreicht die Teichwirtschaft in Schleswig-Holstein zwischen dem 15. und 17. Jahrhundert. Während der Methorstteich bereits in Karten von 1796 eingezeichnet ist, wurden der Rümlandteich, ebenso wie die Bokelholmer Teiche, erst zu Beginn unseres Jahrhunderts angelegt. Er entstand auf dem Gelände eines Bruchwalds, der heute noch sehr vereinzelt im Randbereich des Teichs anzutreffen ist.

Von besonderer Bedeutung sind die drei Emkendorfer Teiche für Amphibien und als Brut- und Rastgebiet für Vögel. Beispielhaft erwähnt seien die fünf heimischen Lappentaucherarten, die hier als Brutvögel nachgewiesen worden sind. Während Hauben-, Rothals- und Zwergtaucher typische Brutvögel sind, gibt es für den Schwarzhals- und Ohrentaucher nur einzelne Nachweise in diesem Gebiet. Rohrdommel, Wasserralle, verschiedene Entenarten und Kleinvögel sind weitere wichtige Brutvögel. In früheren Zeiten brüteten in diesem Gebiet auch Kranich, Schwarzstorch, Wiesenweihe und Birkwild. See- und Fischadler, Habicht, Sperber, die beiden Milanarten, Mäuse- und Wespenbussard, Rohrweihe sowie Kormoran und Graureiher lassen sich ab und zu bei der Nahrungssuche im Bereich der Teiche beobachten. Die wenigen hier genannten Vogelarten der Emkendorfer Teiche mögen Anreiz genug sein, das Fernglas auf die Wanderung mitzunehmen, um eigene ornithologische Beobachtungen anzustellen.

Auf der Straße von Emkendorf nach Haßmoor taucht kurz hinter dem Dorf Dieckendörn links ein Wanderparkplatz auf, wo wir unsere Wanderung beginnen. Das Schild nach Methorst in Diekendörn führt zu einer christlichen Schulungs- und Freizeitstätte, die nahe dem Südostufer des Methorstteichs liegt.

Wir überqueren zunächst die Straße, an deren Seite ein kleines Baumwunder zu bestaunen ist: Eine alte Buche und eine Eiche sind dort direkt nebeneinander hochgewachsen und berühren sich. Der Weg geht dann am Methorstteich entlang, den wir mit seinen buchtenreichen, baumbestandenen Ufern und Inseln an einigen Stellen überblicken können. Kurz hinter der Schleuse, durch die das Wasser des Teichs abgelassen werden kann, geht der Weg scharf nach links und führt am sogenannten Kleinen Teich auf die Straße.

Wir halten uns ein Stück auf dem Radweg und gelangen so in den Wald. Dort, wo die Staße einen scharfen Knick macht, kann man einige fest installierte Zäune und Straßenunterfüh-

Der Methorstteich mit seinen baum- und röhrichtbestandenen Ufern und Seerosenflächen gehört zu einer Reihe geschützter Teichgebiete im Naturpark Westensee.

Naturpark „Westensee" 91

92 Naturpark „Westensee"

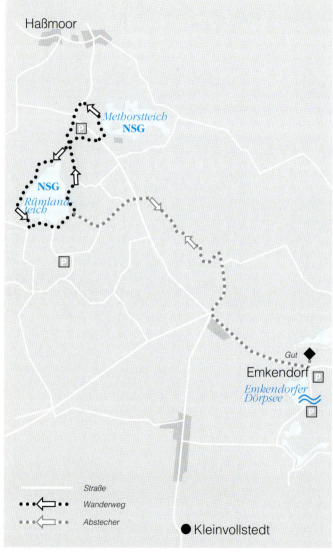

rungen sehen, die von Naturschützern zum Schutz der hier wandernden und durch Autos gefährdeten Amphibien errichtet worden sind. Neben Teich- und Grasfröschen, Erdkröten und Teichmolchen kommen auch die gefährdeten Kammolche und Knoblauchkröten in diesem Gebiet vor.
Im Wald halten wir uns an der Gabelung rechts und umwandern den Rümlandteich. Der hoch aufgewachsene Farn, der hier und auch an weiteren Stellen im Wald wächst, ist der Adlerfarn, der weltweit verbreitet ist, an günstigen Standorten bis zu vier Meter Höhe erreichen soll und dichte Bestände bilden kann. Der Weg biegt wieder in den Wald ein, kurz darauf kommt die Wasserabflußmöglichkeit für den Rümlandteich. Hier befinden wir uns auf dem mit gelben Pfeilen markierten Hauptwanderweg Nord-Ostsee, der über 112 Kilometer von Meldorf nach Kiel führt.
Wer einen Abstecher zum Gut und Herrenhaus Emkendorf machen möchte, kann diesen Wegmarkierungen folgen und muß im Wald rechts von der Rundwanderung abzweigen. Allerdings führt dieser Weg oberhalb Emkendorfs entlang, so daß man sich an der Stelle, wo er den Wald kurz verläßt und weiter am Waldrand entlangführt, geradeaus durch eine Schonung junger Nadelbäume halten muß. Auf diese Weise gelangt man links nach Emkendorf. Die mit Karos markierten Wege sind Rundwanderwege um das Gelände des Herrenhauses. Der Abstecher vom Rümlandteich bis Emkendorf beträgt hin und zurück etwa acht Kilometer.
Die Wanderung um den Rümlandteich führt uns wieder an die Gabelung, an der die Teichumrundung begann; an einem kleinen Waldtümpel führt der Weg wenig später rechts bergauf und endet wieder am Parkplatz.

Radtour
Rund um den Westensee
Westensee – Wrohe – Hohenhude – Ahrensee – Achterwehr – Felde – Westensee
Entfernung: ca 25 km; Dauer: ca. 2,5 Stunden

Startpunkt der Tour um den etwa sieben Quadratkilometer großen Westensee ist die Badestelle unweit der Kirche im Ort Westensee. Im Sommer ist hier viel Betrieb, und man hat von hier aus einen ersten herrlichen Blick über den Westensee. Wir starten über den Parkplatz am Grill Café vorbei und halten uns auf der linken Seite. Dann geht es ein kurzes Stück über Kopfsteinpflaster Richtung Jugendherberge. Diese Straße ist samstags ab 13 Uhr und an Sonn- und Feiertagen für den Autoverkehr gesperrt.

Wir passieren die Jugendherberge (☎ 0 43 05 / 5 24), das Gut Westensee und die „Reitanlage am Westensee" mit der Schwabenstube. Links unten am See erreichen wir den Anleger des Landessportfischer-Verbandes. Hier sollte man einen Blick auf den See und die ihn umgebenden eiszeitlichen Moränen werfen, bevor es, an kleinen Waldstücken, Wiesen und Feldern vorbei, nach Ekhöft weitergeht.

Hierauf führt die Sraße durch Obstplantagen, wobei wir eine erhebliche Steigung zu bewältigen haben. Oben angekommen geht es ein Stück bergab, wir kommen zu dem Ort Wrohe und biegen links auf die Dorfstraße. Kurz nach dem Restaurant „Zum lustigen Bruder" (☎ 0 43 05 / 7 64, Dienstag Ruhetag) erwarten uns linker Hand zwei Bänke, die wegen des herrlichen Blicks über den Westensee zum Verweilen einladen. Es geht auf der Straße dann bald bergab, wenig später erreichen wir Badestelle, Campingplatz und das Restaurant „Zum Fischmeister" (☎ 0 43 05 / 7 73, Montag Ruhetag).

Die Straße führt uns am Campingplatz vorbei. Sie ist am Wochenende für den Kraftfahrzeugverkehr bis zum drei Kilometer entfernten Hohenhude gesperrt. Auf dem Weg nach Hohenhude kommt man durch eine hübsche Waldlandschaft und am Kleinen Schierensee entlang. Hier befinden wir uns bereits im Naturschutzgebiet „Ahrensee und nordöstlicher Westensee". Die Straße überquert bald den Schierenseebach, der Wasser des Kleinen Schierensees in den Westensee abfließen läßt. Kurz danach passieren wir linker Hand eine kleine Badestelle.

Wer nicht baden will, sollte vom Steg aus einen Blick auf die den Westensee umgebenden sanften Hügel und Wälder werfen. Für den ornithologisch Interessierten bietet sich hier, wie an vielen anderen Stellen, an denen man den See überblicken kann, die Möglichkeit zu vogelkundlichen Beobachtungen. Für den Haubentaucher etwa ist der Westensee nicht nur ein bedeutendes Brutgebiet, sondern, ebenso wie für viele Entenarten, ein wichtiges Rastgebiet. Mit etwas Glück lassen sich auch Rotmilan, Kormoran und sogar Seeadler beobachten, die den See zur Nahrungssuche abfliegen.

In Hohenhude können wir die Stelle sehen, wo der größte Fluß Schleswig-Holsteins, die Eider, in den Westensee fließt. Die Eider trägt durch ihre hohen Nährstoffwerte, zusammen mit vielen kleinen Einleitern, zur schlechten Wasserqualität des Westensees bei, was von Naturschützern immer wieder beklagt wird. Im Sommer kann dies in manchen Fällen sogar zu Badeverboten am Westensee und anderen Binnenseen im Lande führen.

Auf der Straße „Lang 't Dörp" fahren wir weiter bis kurz vor die Kreisstraße von Schönwohld nach Rumohr. Kurz vorher biegen wir links in den Mühlenweg ein. Hinter der Steinbrücke über die Eider, vorbei an der ehemaligen Wassermühle und den Fischteichen erreichen wir die Kreisstraße und fahren wiederum links. Kurz vor Erreichen der B 202 zweigt eine Straße zum Gut Marutendorf ab. Auf ihr fahren wir an der Eider und dem Gutsgelände entlang zum Ahrensee; allerdings kann das Befahren des Betriebsgeländes verboten sein. Daher sollte man auf der B 202 ab Schönwohld, vorbei an der Gaststätte Griesenbötel (☎ 0 43 40 / 94 26, Dienstag Ruhetag), auf dem Radweg etwa zwei Kilometer in

Richtung Achterwehr fahren. Oben von der Bundesstraße aus wird man dann mit einem herrlichen Blick auf die vielseitige Seenlandschaft des Ahren- und Westensees belohnt.

Am Wanderparkplatz geht es bergab zum Ahrensee, und wir passieren die Abzweigung zur Badestelle; sie liegt im Naturschutzgebiet: Grillen, Zelten, Feuer machen, Boot fahren und das Mitnehmen von Hunden sind hier verboten. An der nächsten Kreuzung bei den alten Buchen und Eichen halten wir uns rechts und kurz darauf wieder rechts, so daß wir in einigen Metern Entfernung am Ahrensee entlangfahren können. Dann geht es in den Wald, und an einem aufgestellten Stein biegen wir rechts in die Wiesenlandschaft zwischen Ahrensee und Westensee ein. Der Weg ist etwas holperig und grasig und kann bei länger anhaltendem Regen feucht werden. Eine Holzbrücke führt über die kleine Wasserverbindung zwischen den beiden Seen.

Auf dieser Landbrücke soll früher eine mittelalterliche Turmhügelburg gestanden haben, von der es allerdings keine Überlieferungen gibt; Reste der Burganlage konnten indes noch recht deutlich im Gelände ausgemacht werden. Wir verlassen die Wiesen, erreichen ein Waldstück, und auf dem Betonspurweg ist die Eider wieder in Sicht, die hier den Westensee verläßt, um sich Richtung Nordsee weiterzubewegen. Unweit der Bahnlinie kann man die Eider über eine kleine Brücke in Richtung Brandsbek überqueren. Dort fahren wir direkt an einem kleinen Bistro in den Ort hinein.

Durch den Ort Felde geht es auf gemeinsamem Rad- und Fußweg weiter. Nach dem Ortsschild Felde erreicht man nach einigen hundert Metern einen kleinen Parkplatz, von dem eine Treppe an die Badestelle des Bossees hinabführt. Der weitere Weg bietet herrliche Blicke über den Bos- und den Westensee. Eider und Westensee hatten im 13. und 14. Jahrhundert große Bedeutung für die Handelsschiffahrt. An der Stelle, wo die kleine Insel Lohburg im Verlandungsbereich zwischen Westen- und Bossee liegt, befand sich dereinst eine Burg der Raubritter vom Westensee, die als Pira-

Naturpark „Westensee" 97

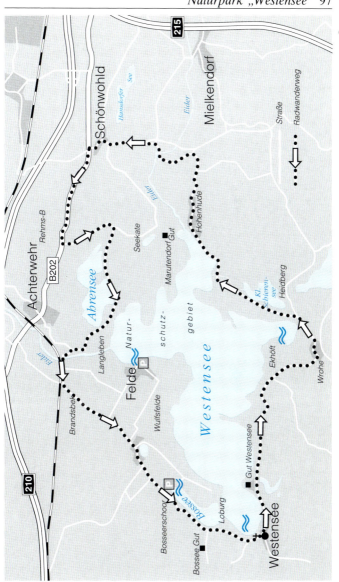

Im Spätsommer und Herbst können Sonnenblumenfelder, wie hier im Westenseegebiet bei Schierensee, der Landschaft einen interessanten Farbaspekt verleihen.

Naturpark „Westensee" 99

ten die Schiffahrt unsicher machten, bis die Holstengrafen mit Unterstützung der Hanse im Jahre 1346 diese und die Hohburg, nördlich des Kleinen Schierensees auf einer Halbinsel des Westensees gelegen, zerstörten.

An der Abzweigung nach Brux kann man sich entscheiden, entweder unten am See, durch den Wald oder auf dem Radweg entlang der Straße weiterzufahren. Alle drei Wege führen kurz vor dem Ort Westensee wieder zusammen. Wir kommen an einem Grillplatz vorbei, der links am See liegt und dessen Benutzung gegen Gebühr und Voranmeldung (Gemeinde Westensee ☎ 04305/765) möglich ist. Wir radeln über eine kleine Holzbrücke und erreichen wieder die St. Catharinen-Kirche zu Westensee.

Radtour
Westensee bis Brahm- und Wardersee
Westensee – Wrohe – Schierensee – Blumenthal – Langwedel – Warder – Groß Vollstedt – Westensee
Länge: ca. 39 km; Dauer: ca. 4 Stunden
Wir beginnen diese Tour ebenfalls an der Kirche von Westensee. Das erste Stück des Weges entspricht dem der Tour „Rund um den Westensee"; so lassen sich nach Belieben beide Touren zu einer großen zusammenlegen. Von Westensee aus fahren wir über Ekhöft und Wrohe an der Badestelle vorbei und verlassen noch im Bereich des Campingplatzes den Asphaltweg, um auf den Weg in den nahen Nadelwald einzubiegen. Nach der Steinbrücke, die die Verbindung von Großem und Kleinem Schierensee darstellt, erreichen wir eine Kreuzung, an der uns der Weg links um den Kleinen Schierensee führt. Wir fahren geradeaus, passieren das Wildschweingehege und erreichen die kreuzende Asphaltstraße. Auf dieser halten wir uns rechts und lassen uns mit Blick auf den Großen Schierensee auf dem Radweg an die Badestelle rollen. Diese unbewachte Badestelle darf von 6.00 – 22.00 Uhr benutzt werden.

Kurz darauf erreichen wir den Ort Schierensee, wo wir rechts

in die steil ansteigende Poststraße fahren. Am Gasthof „Zur Linde" halten wir uns nochmals rechts und kreuzen wenig später die Landstraße von Kiel nach Rendsburg, um Richtung Scheidekrug weiterzufahren. Bevor es dann in den Wald geht, sollte man noch einen Blick über die anheimelnde hügelige Landschaft werfen, in die in der Ferne idyllisch das Gut Schierensee eingebettet liegt. Dieses Herrenhaus befindet sich seit 1969 im Besitz einer bekannten Verlegerfamilie und kann nicht besichtigt werden.
Die Straße schlängelt sich durch den Wald und an Weiden vorbei; links sehen wir das Windrad des biologisch-dynamisch bewirtschafteten Hofs Sophienlust. Hier wird bewiesen, daß in Schleswig-Holstein auch binnenländisch gelegene Orte für eine Nutzung der Windenergie geeignet sind.
Es geht dann links ab in den Weg „Bollhuserteich"; wenig später wechseln wir in einer Rechtskurve in den Bollhuser Weg. Auf diesem Betonplattenweg geht es an Fischteichen vorbei nach Blumenthal, wo wir auf dem Dieker Weg herauskommen und uns dann links halten. Am Linksabzweiger zur Post verlassen wir die Dorfstraße nach rechts und biegen in den Manhagener Weg, der uns wieder aus dem Ort herausführt. Kurz nach der Brücke über die Hauptstraße, wo wir auf die vorbeirasenden Fahrzeuge auf der Autobahn von Kiel nach Hamburg blicken, fahren wir rechts den Berg hinunter und kommen durch das Langwedeler Holz. Auf der kreuzenden Asphaltstraße von Sören nach Langwedel halten wir uns rechts und fahren auf wenig befahrener, breiter Straße nach Langwedel hinein.
Hier benutzen wir die Straße Kiel–Nortorf links Richtung Nortorf, verlassen sie aber bald wieder rechts in Richtung Warder und Tierpark. An der Ecke ist auf dem Dach der Scheune ein Storchennest zu sehen. Hier brütete bisher immer ein Storchenpaar, und es ist zu hoffen, daß es nicht eines Tages, wie so viele andere Nester, leer bleibt. Diese Spezies weist hier nur noch etwa 200 Brutpaare auf.
Vorbei am Campingplatz, Café Brahmsee und an der Bade-

stelle mit schönem Blick über den See, kommen wir zum Tierpark Warder. Wer etwa zwei Stunden Zeit für den Rundgang durch den Haustierschutzpark hat, sollte es sich nicht entgehen lassen, Steppenrind, Zackelschaf, Angler Sattelschwein und über 100 weitere seltene und gefährdete Haustierrassen bestaunen zu können. Hier kommen im Streichelgehege und auf dem Spielplatz auch Kinder zu ihrem Recht. Der Park ist ganzjährig geöffnet (☎ 04329/1280, siehe auch: Der besondere Tip S. 160).

Nach einer scharfen Rechtskurve kommen wir, am Feriendorf Warder vorbei, nach Warder, fahren links auf die Dorfstraße und erreichen schon den nächsten See. Auch am Wardersee gibt es eine Badestelle, Spielplatz und Restaurants, zum Teil mit Blick auf den See. Weiter geht es unter der Autobahn Flensburg–Hamburg hindurch, so daß wir nach Altmühlendorf kommen, wo es eine alte Wassermühle, eine Forellenzucht und eine bedeutende Fischbrutanstalt gibt. Auf der Hauptstraße wenden wir uns rechts in Richtung Groß Vollstedt und Westensee, um gleich nach Überqueren der Mühlenau links Richtung Klein Vollstedt zu fahren.

Hier müssen wir ein Stück ohne Radweg an der Mühlenau entlangradeln; wir sehen und hören rechts die Autobahn, die wir bei der ersten Möglichkeit geradeaus überqueren, um gleich darauf rechts in Richtung Groß Vollstedt zu fahren. Auf einem ruhigen Radweg entlang eines Knicks erreichen wir den Ort und halten uns links Richtung Westensee, wo wir an der Ecke mit dem hübsch mit Efeu bewachsenen Reetdachhaus auf die Dorfstraße stoßen. Die Nord- oder Wetterseite lassen Hausbesitzer in Norddeutschland gerne mit Efeu bewachsen, während die Süd- oder Sonnenseite bevorzugt mit Wildem Wein bepflanzt wird. Dies schützt nicht nur die Fassade, sondern schafft auch, und dies besonders in den Städten, neuen Lebensraum für verschiedene Tierarten.

Vorbei an „Ehmsens Gasthof – Die Tenne" (☎ 04305/754; Donnerstag Ruhetag) biegen wir einige hundert Meter vor dem Ortsausgang links in den Emkendorfer Weg ein und

Naturpark „Westensee" 103

kommen in ein Landschaftsschutzgebiet. Nach etwa 400 Metern geht es links auf einem Radweg, der durch einen Knick von der Straße getrennt ist, hinab zum Vollstedter See. Der See soll möglicherweise Naturschutzgebiet werden. Wir passieren den See und biegen an einem Knick rechts in den Wanderweg ein (Wegmarkierung: blaues Karo).

Vorbei an schön gelegenen Teichen kommen wir auf eine Asphaltstraße, von der wir bei erster Möglichkeit rechts abbiegen (Sackgasse für PKW). Wir passieren die Schranke, die Badestelle des Dörpsees mit Imbiß und erreichen so den Parkplatz des Herrenhauses Emkendorf. Eine Besichtigung ist nur nach Voranmeldung möglich, aber ein kleiner Spaziergang durch die Park- und Gartenanlagen mit idyllischem Teich ist auf jeden Fall lohnend.

Wir fahren rechts auf der Hauptstraße entlang einer sehr schönen Allee, die Naturdenkmal ist, weiter. Kurz nach dem Abzweig nach Brux beginnt ein Waldlehrpfad.

Wir halten uns auf dem Lehrpfad und können dabei einiges über die verschiedenen Baum- und Straucharten des Waldes lernen. Linker Hand sehen wir den Teich des Hopfenkrugs, in dem Wallenstein dereinst eingekehrt sein soll. An dem weißen Tor verlassen wir den Waldlehrpfad und fahren die Steigung geradeaus hinauf. Oben angekommen, halten wir uns links; der Weg schlängelt sich aus dem Wald, führt über ein Feld und wird schließlich rechts und links durch Gehölz- und Baumreihen gesäumt. Wir blicken auf eine sanfte, hügelige, mit Knicks und Wald durchsetzte Ackerlandschaft. Dann kommen wir auf einen Asphaltweg und erreichen die ersten Häuser Westensees. Ein Schild weist uns zur „Töpferstube" (☎ 0 43 05 / 2 39, täglich von 15.00−18.00 Uhr geöffnet), in der sich seit 1961 Werkstatt, Ausstellung und Verkauf von Töpfer-Kunsthandwerk befinden.

Wir benutzen die Hauptstraße ein Stück bergauf, und oben links sehen wir in der Ferne bereits den Westensee. Vorbei am Café „Zeit" (☎ 0 43 05 / 6 81; Dienstag Ruhetag) erreichen wir wieder die alte Kirche.

Kiel und Dänischer Wohld

Kiel: die Landeshauptstadt
Kiel, Heimat des Segelschulschiffes Gorch Fock und der Comic-Figur Werner, ist durch zwei Dinge weltberühmt: zum einen durch den unter Seeleuten als Kiel-Canal bezeichneten Nord-Ostsee-Kanal, zum anderen durch die Kieler Woche, die als das weltgrößte Segelspektakel gilt. Die Kieler Förde ist unter Seglern als eines der besten Segelreviere der Welt beliebt. Einen Besuch in Kiel wußte auch einer der prominentesten Segler an Kieler Ufern, der deutsch-amerikanische Physiker und Nobelpreisträger Albert Einstein, zu schätzen: „Die Aussicht auf ein geradezu normales menschliches Dasein in Kiel entzückt mich (...), dazu die wundervolle Landschaft", schrieb er begeistert.
Kiel ist mit rund 245 000 Einwohnern die größte Stadt und Landeshauptstadt Schleswig-Holsteins. Im Jahre 1992 feierte sie ihr 750jähriges Bestehen.
Im Jahre 1242 erhielt die 1233 gegründete Siedlung „tom Kyle", die niederdeutsche Bezeichnung für die keilförmige Förde, die Stadtrechte. In den ersten Jahrhunderten wurde Kiel zwar zu einem wichtigen Finanzmarkt, aber insgesamt kam die Stadt nicht über die Rolle eines regionalen Zentrums und Marktes hinaus. Selbst die zeitweilige Mitgliedschaft in der Hanse brachte eher Belastungen als wirtschaftlichen Aufschwung, denn Kiel mußte sich einerseits an den Kriegen der Hanse gegen Dänemark und bei Kämpfen gegen Seeräuber verlustreich beteiligen, konnte andererseits aber nicht genügend Gewinne aus dem Bund erzielen.
Einen Aufschwung brachte Herzog Christian Albrecht der Stadt im Jahre 1665 durch die Gründung der nach ihm benannten Universität, der heute mit ca. 18 000 Studenten weiterhin zunehmende Bedeutung zukommt.

106 Kiel und Dänischer Wohld

Kiel gilt als das Mekka des Segelsports.
Hier fanden zweimal olympische
Segelwettbewerbe statt, und die Kieler
Woche ist die an Zahl der Teilnehmer
und Bootsklassen weltgrößte Segelsport-
veranstaltung.

Kiel und Dänischer Wohld 107

Der Blick über den sogenannten „Kleinen Kiel" (oben) umfaßt neben Teilen der City das Opernhaus und den 106 Meter hohen Rathausturm.

Der Hafen (unten) verbindet Kiel über den Nord-Ostsee-Kanal mit der Nordsee, von hier laufen auch Schiffe zu verschiedenen Häfen Skandinaviens und Osteuropas aus.

Seinen eigentlichen Aufschwung erlebte Kiel jedoch erst, als Preußen, nachdem es die Herzogtümer Schleswig und Holstein eingenommen hatte, Kiel im Jahre 1871 zum Reichskriegshafen erklärte. Marine und Schiffbau wurden zu den Wirtschaftssäulen der Stadt. Der Bau des Kaiser-Wilhelm-Kanals (heute Nord-Ostsee-Kanal), der 1895 fertiggestellt wurde und Kiel direkt mit der Nordsee verband, stand gänzlich unter dem Aspekt militärischer Planungen: Die deutschen Flotten der Nord- und Ostsee sollten schnell zusammenzuführen sein. Heute wird der Kanal zivil genutzt und ist die meistbefahrene künstliche Wasserstraße der Welt.

Am Ende des Ersten Weltkriegs kam es in Kiel zum legendären Matrosenaufstand, als die Marinesoldaten sich weigerten, zu letzten Kriegshandlungen auszulaufen. Das Ende des Kaiserreichs kündigte sich an, als die Proteste sich von Kiel aus auf ganz Preußen ausdehnten.

Die enge Bindung Kiels an die Marine und dem mit ihr verbundenen Schiffbau gestaltete sich für die Stadt bisweilen nachteilig. Nach dem Ersten Weltkrieg wurde durch den Versailler Vertrag die deutsche Marine erheblich eingeschränkt, und die Wirtschaft Kiels, die zudem von der weltweiten Krise getroffen wurde, lag darnieder. Im Jahre 1932 hatte Kiel eine Arbeitslosenquote von 29,5 Prozent. Nach einem trügerischen Aufschwung durch die Nationalsozialisten, die die Stadt im Jahre 1936 sogar zum Austragungsort der olympischen Segelwettkämpfe machten, kam die schwerste Zeit. Bereits im Juli 1940 erlebte Kiel den ersten großen Luftangriff des Zweiten Weltkriegs, dem zahlreiche weitere folgen sollten. Als die Engländer Kiel am 4. Mai 1945 übernahmen, lag die Stadt in Schutt und Asche. Erfreulich, daß die englische Stadt Coventry, die im Zweiten Weltkrieg durch deutsche Bomber ein ähnliches Schicksal wie Kiel ereilte, heute eine der Partnerstädte Kiels ist.

In dem 1946 gegründeten Bundesland Schleswig-Holstein wurde Kiel Landeshauptstadt. Der Wiederaufbau ging, vergleichbar anderen deutschen Städten, zügig voran und be scherte Kiel mit der Holstenstraße eine wichtige Einkaufsstraße, das im Jahre 1957 zur ersten Fußgängerzone der Bundesrepublik wurde. Mit dem Bau des Sophienhofs gegenüber dem Bahnhof hat Kiel seit einigen Jahren das größte überdachte Einkaufszentrum der Bundesrepublik.

Eine neue Hafenpolitik sollte die Stadt nach dem Zweiten Weltkrieg aus der Abhängigkeit von Marine und Schiffbau führen. Man wollte eine „Friedensindustrie" an der Förde etablieren – allerdings ohne Erfolg. Blickt man heute auf die Kieler Förde, so sieht man, daß das Westufer von der Marine besetzt ist, während sich am Ostufer die Werftanlagen entlangziehen. Doch die Diskussion über „Kiel 2000 – ohne Militär?" findet weiter statt, beispielsweise auf der Kieler Woche im Rahmen der begleitenden Kulturveranstaltungen.

Im Zentrum Kiels hat sich ein neues wirtschaftliches Standbein entwickelt: die Fähranleger, die es durch das tiefe Fahrwasser der Förde auch großen Schiffen erlaubt, hier anzulegen. Sie machen Kiel zum Tor nach Skandinavien und Osteuropa. Von hier starten Fähren u. a. nach Oslo, Göteborg, St. Petersburg, Tallin, Riga, Kaliningrad und zu verschiedenen dänischen Inseln. Sie können aber auch von Kiel mit den Fördedampfern verschiedene Orte an der Kieler Förde ansteuern, zum Beispiel die Seebäder oder Laboe, wo sich das 85 Meter über NN liegende Marine-Ehrenmal und ein zu besichtigendes U-Boot befinden. Eine Kanal- oder Schwentinetour sowie Hafenrundfahrten gehören ebenfalls zu den Schiffahrtserlebnissen, die Kiel zu bieten hat.

Im Jahre 1972 wurden abermals die olympischen Segelwettbewerbe ausgetragen, diesmal im neuen Olympiazentrum in Kiel Schilksee, von wo auch heute viele bedeutende Segelregatten starten. Eine dritte Austragung olympischer Segelwettkämpfe wäre in Kiel im Jahre 2000 nach Aussagen der Verantwortlichen aus dem Stand heraus möglich gewesen, ist doch die Kieler Woche mit 3 600 aktiven Teilnehmern erheblich umfangreicher. Die einstmals reine Segelsportveranstaltung ist inzwischen zum wichtigsten jährlichen Ereignis im

Kieler Jahresablauf geworden. Neben viel Kultur und Kulinarischem bietet die Stadt gesellschaftspolitische Diskussionen, Volksfest und viel Gaudi für Kinder auf der „Spiel-Linie" auf der Kiel-Linie. Am Ende der letzten Juni-Woche eines jeden Jahres klingt die Kieler Woche mit einem spektakulären Feuerwerk über der Förde aus.

Zu den wenigen nach dem Krieg übriggebliebenen alten Gebäuden gehört die St.-Nicolai-Kirche aus dem 13. Jahrhundert, die stark zerstört wurde. Vor der Kirche steht Ernst Barlachs „Geistkämpfer". (Darüber hinaus stehen weitere 120 Plastiken und Denkmäler im Kieler Stadtbereich.)

Vom Wahrzeichen der Stadt, dem 106 Meter hohen Rathausturm, hat man, auf der 67 Meter hohen Aussichtsplattform, einen schönen Blick über die Stadt. Das Kieler Schloß wurde bis auf den hübsch mit Efeu bewachsenen Rantzaubau, in dem sich heute die „Stiftung Pommern", eine Gemäldegalerie und kunsthistorische Sammlungen befinden, zerstört. Der Schloßneubau ähnelt in Größe und Gestalt dem Vorläufer. Hier befinden sich heute unter anderem die Landesbibliothek und landesgeschichtliche Sammlungen.

Für Kunstinteressierte sind die Kunsthalle zu Kiel mit der Antikensammlung und das Kulturviertel Kiel mit der Stadtgalerie im Sophienhof wichtige Stationen. Darüber hinaus gibt es ein Stadt- und ein Schiffahrtsmuseum, die in historischen Gebäuden, dem Warleberger Hof und der ehemaligen Fischhalle am Seegarten, untergebracht sind. Einige Oldtimer, die an der Museumsbrücke liegen, gehören ebenfalls dem Schiffahrtsmuseum.

Für naturkundlich Interessierte sind das Mineralogische und Geologische Institut und Museum, das Museum für Völkerkunde und das Zoologische Museum der Universität zu empfehlen. Der neue, im Jahre 1985 eröffnete Botanische Garten an der Universität zeigt auf sieben Hektar Freiland und in Schau-Gewächshäusern rund 10 000 Pflanzenarten. Das Aquarium im Institut für Meereskunde zeigt die wichtigsten Meerestiere der Ostsee. Außerdem besitzt das Institut ein

Freilandbecken mit Seehunden, die die erklärten Lieblinge der Kieler sind und an deren Wohlergehen jedermann teilnimmt. Vom Aquarium aus bietet sich ein beschaulicher Spaziergang am Fördeufer durch das Düsternbrooker Gehölz an. Das Institut für Meereskunde und das Kieler Institut für Weltwirtschaft sind zwei Einrichtungen, die weit über die Grenzen des Landes hinaus bekannt sind.

Ein besonderes Kleinod der Kieler Museumslandschaft ist das Schleswig-Holsteinische Freilichtmuseum im Stadtteil Molfsee (siehe: Der besondere Tip S. 164).

Auf Kieler Stadtgebiet gibt es zwei Naturschutzgebiete: das NSG „Tröndelsee und Umgebung" und das NSG „Schulensee und Umgebung", beides für die Tier- und Pflanzenwelt wichtige Gewässer, denen für Naturschutz und Naherholung einige Bedeutung zukommt.

Dänischer Wohld

Die Landschaft Dänischer Wohld, was nichts anderes als „dänischer Wald" bedeutet, erstreckt sich zwischen Eckernförde und Kiel mit der Ostsee, der Eckernförder Bucht und der Kieler Förde als Grenzen im Norden und Osten und dem Nord-Ostsee-Kanal im Süden. Die Westgrenze ist nicht so eindeutig. Sie läßt sich auf der Linie Altenhof–Sehestedt festlegen; westlich schließt sich die Landschaft Hütten mit den Hüttener Bergen und dem gleichnamigen Naturpark an.

Bis weit ins 13. Jahrhundert hinein war der Dänische Wohld, ähnlich der nördlich gelegenen Halbinsel Schwansen, von einem undurchdringlichen Wald bestanden und kaum besiedelt. Die dänischen Jüten im Norden nannten ihn „Jarnwith", die weiter südlich lebenden Holsten bezeichneten ihn als „Isarnhoe", was beides „Eisenwald" bedeutete und auf die Undurchdringlichkeit des Waldes hinweist. Dieser dichte Eichenmischwald war damit lange Zeit eine natürliche Grenze. Die Landschaft Angeln war im Vergleich dazu um das Jahr 1200 bereits relativ dicht besiedelt. Heute ist von dem Waldreichtum nicht viel übriggeblieben, wenngleich der

Dänische Wohld mit 1 700 Hektar noch immer als eine der waldreichsten Landschaften Schleswig-Holsteins gilt.

Dieser langen Nichtbesiedelung des Gebiets über 700 Jahre steht eine dichte Frühbesiedlung während der Steinzeit gegenüber. Zahlreiche vorgeschichtliche Grabanlagen, z. B. bei Bülk, Grönwohld, Hohenhain, Dänisch-Nienhof und Sprenge stehen als stumme Zeugen der vorzeitlichen Bevölkerung in der Landschaft. Bei Birkenmoor sind dicht beieinander zahlreiche Megalithgräber der Jüngeren Steinzeit auf freiem Feld auszumachen; bei Mariannenhof südlich von Dänisch-Nienhof liegt eine Gruppe von rund 25 Hünengräbern eng zusammen auf den Feldern und im Wald. Die zahlreichen wertvollen Funde aus den Gräbern, wie Beile, Pfeilspitzen und Flintstein-Dolche, sind im Landesmuseum Schloß Gottorf zu besichtigen.

Im Zentrum des Dänischen Wohlds liegt Gettorf, der Hauptort dieser Landschaft, der einst eine wichtige Wallfahrtsstätte für Verehrer des heiligen Jürgen, Schutzpatrons der Reiter, war. Neben der sehenswerten Kirche, die im Jahre 1319 erstmalig erwähnt wird, gibt es eine renovierte Windmühle und einen interessanten Tierpark. Weitere Kirchen stehen in Krusendorf, Dänischenhagen und Sehestedt und finden bei den entsprechenden Touren Erwähnung.

Bedeutende Gutsanlagen und Herrenhäuser sind beispielsweise: Eckhof, Bülk, Noer, Wulfshagen, Rosenkrantz und Hohenlieth. Knoop, am Nord-Ostsee-Kanal gelegen, gilt als bedeutendes Werk des Klassizismus in Schleswig-Holstein. Gut Altenhof, das südöstlich von Eckernförde liegt, besitzt ebenfalls eines der bedeutendsten Herrenhäuser im Lande. Das 1722 bis 1728 von Cay Friedrich Reventlow erbaute Herrenhaus wurde Anfang dieses Jahrhunderts erweitert und ist heute im Besitz der Familie v. Bethmann-Hollweg. Zu seinem bedeutenden Interieur, das die schleswig-holsteinische Adelskultur hervorragend repräsentiert, gehört unter anderem auch eine wertvolle historische Bibliothek. Die beiden letztgenannten Herrenhäuser können von interessierten

Kiel und Dänischer Wohld 113

Gruppen nach Voranmeldung besichtigt werden: Knoop (☎ 04 31 / 36 10 12); Altenhof (☎ 0 43 51 / 4 13 34 und 4 14 28, Büro; geöffnet Mai bis Sept.).
An der Ostseeküste erstrecken sich neben den Stadtteilen von Kiel die Ostseebäder Strande und Schwedeneck, letzteres ein Zusammenschluß verschiedener Orte an der Küste des Dänischen Wohlds zu einem Seebad. Hier gibt es neben einsamen und abgelegenen Stränden bewaldete Abschnitte und lange Steilufer, aber auch touristische Zentren, die besonders für den Segelsport von Bedeutung sind.
Das Ostseeufer von Eckernförde bis Strande ist als Landschaftsschutzgebiet ausgewiesen und gilt neben seinen landschaftlichen Reizen auch als bedeutendes Vogelbrut- und -rastgebiet. Tageshöchstsummen von über 20 000 rastenden und überwinternden Wasservögeln am Südufer der Eckernförder Bucht lassen dem Gebiet internationale Bedeutung zukommen. Die beiden Naturschutzgebiete „Bewaldete Düne bei Noer" und „Kaltenhofer Moor" lernen wir auf den Touren kennen.

Wanderung
Am Naturschutzgebiet „Bewaldete Düne bei Noer"
Entfernung: ca. 9 km; Wanderdauer: ca. 2,5 Stunden
Auf der Nebenstrecke von Eckernförde nach Kiel, der B 503, liegt der Ort Krusendorf. Wir fahren hinein und halten an der Kirche, die mit ihrer eigentümlichen helmförmigen Turmspitze weithin auffällt; diese Backsteinkirche des späten Barock wurde von 1733 bis 1737 erbaut. Die Idee, ihr einen Zwiebelturm zu geben, geht auf den weitgereisten Gutsherrn Joachim von Brockdorff, den Stifter der Kirche, zurück.
Unter dem Namen „Schwedeneck" haben sich im Jahre 1928 verschiedene Dörfer des nördlichen Dänischen Wohlds, wie z. B. Krusendorf, Surendorf, Dänisch-Nienhof und Stohl zu einem Ostseebad zusammengeschlossen. Sie besitzen schöne, zum Teil bewaldete Steilufer und Strände an der Eckernförder und Kieler Bucht. Der Name geht auf den Drei-

114 Kiel und Dänischer Wohld

Am Ostseestrand bei Noer läßt sich der seltene Fall der kompletten Dünenentwicklung von der Primärdüne am Strand bis zur bewaldeten Düne beobachten.

ßigjährigen Krieg zurück, als dieses Gebiet von den Schweden als Nachschubbasis genutzt wurde.
Wir starten die Wanderung auf der Kirchstraße Richtung Bundesstraße, an deren rechter Seite wir gehen. Auf dieser Strecke kann man bald rechts auf die Eckernförder Bucht blicken. Eine schöne Reihe alter Eichen wurde auf dem Feld stehengelassen. Es stehen noch weitere alte Eichen entlang des Wegs, von denen einige mit ihren abgestorbenen Ästen und Kronenbereichen fast einem Bild Caspar David Friedrichs entnommen sein könnten.

Wir verlassen die Bundesstraße und biegen nach Noer, wo wir gleich zur Linken das Herrenhaus von Noer sehen, das in den 1730er Jahren erbaut worden ist. Das im Jahre 1933 abgebrannte Gebäude wurde im alten Stil wiederaufgebaut und wird heute als Jugendheim genutzt. Wir durchwandern Noer Richtung Strand und passieren die Gastwirtschaft „Noerer Blockhaus" mit Kiosk. Am Strand überblicken wir die Eckernförder Bucht mit zahlreichen Steiluferbereichen.

Wir gehen rechts am Strand entlang, vorbei am Campingplatz und erreichen schon wenig später das komplett eingezäunte Naturschutzgebiet (NSG) „Bewaldete Düne bei Noer". Dünen sind, im Gegensatz zur Nordseeküste, an der Ostsee vergleichsweise selten, da der vorherrschende Wind, der den Sand am Strand zu Dünen aufweht, hier nur an wenigen Stellen vom Wasser aufs Land gerichtet ist. Eine bewaldete Düne ist sogar für den gesamten mitteleuropäischen Raum eine Besonderheit.

Das 47 Hektar große NSG, das seit 1981 besteht, wird vom Landesjagdverband betreut. Auf unserer Wanderung am Sand- und Geröllstrand entlang können wir die typische Zonierung des Ostseestrands bis hin zum Endstadium der Vegetationsentwicklung, dem auf der Düne gelegenen Wald, beobachten. Von dem nahe der Wasserkante gelegenen Spülsaum aus folgen die für den Ostseestrand charakteristischen Primärdünen.

Hier stehen Echter und Baltischer Strandhafer, Strandroggen, Binsenquecke und Sandsegge. Der Primärdüne folgt landeinwärts ein geschlossener Rotschwingel-Rasen, der als Vorstufe zur Bewaldung bereits Schlehen und weitere Holzgewächse aufweist. Allmählich kommt auch die Stieleiche dazu, und es bildet sich ein sogenannter „Gundermann-Stieleichenwald". Neben der dominierenden Stieleiche kommen als weitere Baumarten u. a. Esche, Holzapfel und Rotbuche vor. In der Krautschicht treten neben dem häufigen Gundermann, einem Lippenblütler mit blauvioletten Blüten, typische Arten der Laubmischwälder auf, so z. B. Sternmiere, Buschwindröschen, Wurmfarn, Waldmeister, Efeu und andere. Das Endstadium der Vegetationsabfolge bildet in Noer der Waldschwingel-Buchen-Wald, in dem das Waldschwingel-Gras am Boden dichte Bestände bildet.

Eine andere Vegetationsabfolge, die auf saurerem Boden erfolgt und auch in Noer beobachtet werden kann, geht vom Rotschwingel-Rasen über einen Schafschwingel-Rasen hin zum Drahtschmielen-Stieleichen-Wald.

Die Wälder zeigen hier, wie es oft in Küstenregionen zu beoachten ist, verkrüppelten, windgeschorenen Wuchs, der durch ihre windexponierte Lage bedingt ist. Außer den interessanten Pflanzenformationen ist das Gebiet auch für die Vogelwelt attraktiv. Außer Schellente und Brandgans brüten Mittel- und Gänsesäger im Schutzgebiet.

Beim Entlangwandern an der Wasserkante sollte man auf Strandfunde achten. Abgesehen von verschiedenen angetriebenen Rot-, Grün- und Braunalgen, von denen der Blasentang der häufigste ist, werden auch verschiedene Schalen und Gehäuse von Weichtieren, besonders von Mies- und Herzmuscheln, Krebsgehäuse, aber auch interessante vom Ostseewasser geschliffene Steine angespült.

Am Ende des NSG folgen einige Durchgänge, die zu Campingplätzen führen. Nach kurzer Zeit sehen wir einige Häuser. Hier klettern wir eine Leiter die Steilküste hinauf und gehen auf einer Asphaltstraße, die ein paar scharfe Kurven beschreibt, über Jellenbek zurück zur Krusendorfer Kirche.

Kiel und Dänischer Wohld 117

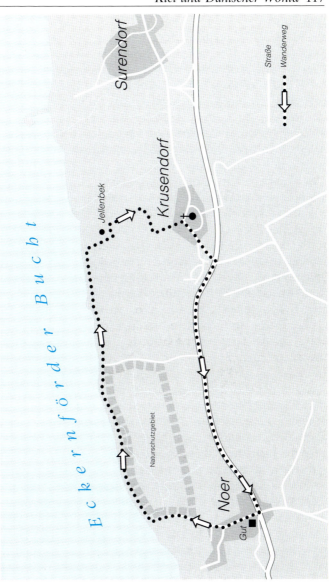

Wanderung
Steilküste bei Dänisch-Nienhof
Entfernung: ca. 6 km; Wanderdauer: ca. 1,5 Stunden
Wir beginnen diese Wanderung in Dänisch-Nienhof, das von der B 503 von Eckernförde nach Kiel über Surendorf oder Sprenge gut erreichbar ist. Ein Parkplatz befindet sich an der Hauptstraße, die durchs Dorf führt. Von hier aus verlassen wir, entlang der Straße, den Ort Richtung Kiel und gelangen, zur Rechten vorbei an einem großen modernen Windrad, an eine grün-weiße Schranke. Hier führt uns der Weg hinab zum Wasser. Wer einen etwas größeren Bogen wandern möchte, kann auch noch weiter die Straße entlanggehen und erst in Stohl zum Strand hinabgehen.
Unten angelangt haben wir die Wahl, entweder direkt am Strand oder an der Oberkante des Steilufers entlangzugehen. Wollen wir allerdings später in Dänisch-Nienhof an den Strand gehen, so müssen wir Kurtaxe bezahlen. Der Pfad oben am Steilufer bietet an verschiedenen Stellen einen schönen Blick auf die Bucht, den Strand und das Steilufer.
Übrigens kann man von hier aus auch in anderer Richtung weiter zur Kieler Bucht, zum Bülker Leuchtturm und nach Strande wandern.
Steilufer sind ökologisch besonders wertvoll. Sie liefern das Ausgangsmaterial für andere Bereiche der Ausgleichsküste, wie Nehrungshaken und Strandseen (z. B. Schwansener See). Sie sind außerdem Lebensraum einer interessanten, stark spezialisierten Fauna. Neben verschiedenen Spinnenarten kommen hier Uferfliegen, Goldwespen und viele Arten von Wildbienen vor. Besonders auffällig sind die zahlreich umherfliegenden Uferschwalben, die in selbstgegrabenen Röhren im Steilufer ihre Jungen aufziehen. An den Steilufern der Ostseeküste, die in Schleswig-Holstein eine Gesamtlänge von etwa 105 Kilometern aufweisen, findet diese andernorts in ihrem Bestand gefährdete Schwalbenart noch ausreichend Brutmöglichkeiten.
Auf dem oberen Weg kommen wir bald in den Wald und

An der Steilküste des Dänischen Wohlds, wie hier bei Dänisch-Nienhof, kann man lange Wanderungen am Strand und an der Oberkante des Steilufers unternehmen.

120 *Kiel und Dänischer Wohld*

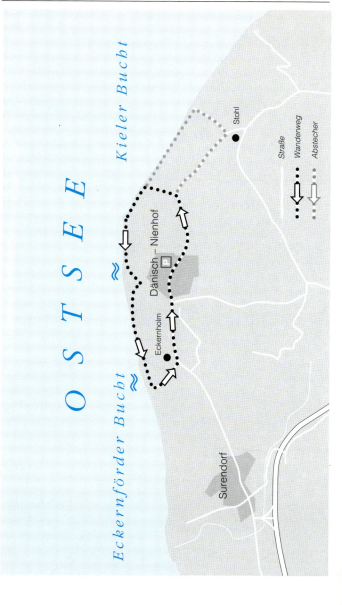

Kiel und Dänischer Wohld 121

erreichen den mit Strandkörben bestückten Strandabschnitt von Dänisch-Nienhof, bei dessen Betreten Kurtaxe bezahlt werden muß. Hier befindet sich das Restaurant und Café „Seeschlößchen" (☎ 0 43 08 / 2 12).
Der weitere Weg am Steilufer führt durch Wald und offeriert noch einige Male sehr schöne Ausblicke auf Ostseestrand und Steilküste. Kurz bevor der Wald endet, führt ein befestigter Weg nach links durch den Ort Eckerholm. Hier erreichen wir die Hauptstraße, auf der wir nach links zurück nach Dänisch-Nienhof gehen. Hier sollten wir noch die angeblich 1 000 Jahre alte Eiche mit ihrem Stammumfang von acht Metern besichtigen, bevor wir entweder in der Gaststätte „Schwedeneck" (☎ 0 43 08 / 13 73) oder im Hotel-Restaurant „Zur Schmiede" (☎ 0 43 08 / 3 24) einkehren.

Wanderung
Gut Knoop und Nord-Ostsee-Kanal (NOK)
Entfernung Gut Knoop: ca. 9 km;
Wanderdauer: ca. 2,5 Stunden
Entfernung NOK: ca. 4 km; Wanderdauer: ca. 1,5 Stunden
Wir beginnen diese nahe bei Kiel gelegene Wanderung am Restaurant „Villa Hoheneck". Der Stadtteil Kiel-Holtenau ist per Bus von Kiel aus zu erreichen; mit dem Auto verlassen wir die Stadt über die Holtenauer Hochbrücke, die den Nord-Ostsee-Kanal (NOK) überspannt. Dann biegen wir an der Straße an der Abfahrt Holtenau ab und halten uns Richtung Gewerbegebiet „Am Jägersberg". Wir fahren in die Straße „Zum Schießstand" ein und halten somit direkt auf die oberhalb des Kanals gelegene „Villa Hoheneck" zu.
Von hier gehen wir von der Hochbrücke aus die Straße weiter, wobei wir uns ein Stück weit im Wald bewegen können. Wir halten uns dabei aber immer in der Nähe der Straße, die etwas später einen scharfen Rechtsknick macht. Hier geht es geradeaus zum Gut Knoop, auf dessen Betriebsgelände eine stattliche alte Linde steht. Zur Linken ragt zweigeschossig mit durch Dreiecksgiebel und ionische Säulen hervorgehobe-

122 Kiel und Dänischer Wohld

Das Herrenhaus Knoop bei Kiel steht
nahe dem Nord-Ostsee-Kanal. Das im
Jahre 1792 erbaute klassizistische
Herrenhaus ist das Hauptwerk des
Dänen Axel Bundsen.

Kiel und Dänischer Wohld 123

Mittels der über 300 Meter langen Schleusenanlagen in Kiel-Holtenau, die hier mit Blick auf die Kieler Förde im Bild sind, und denen in Brunsbüttel an der Elbe wird der Höhenunterschied zwischen Nord- und Ostsee für die Schiffahrt ausgeglichen.

nem Mittelrisalit das Herrenhaus Knoop imposant auf. Es gilt als eines der bedeutendsten architektonischen Werke des Klassizismus in Schleswig-Holstein. Das Herrenhaus ist in Privatbesitz; Besichtigungen sind für Gruppen nach Vereinbarung möglich (☎ 04 31 / 36 10 12).

Einige hundert Meter nach der Kurve bei Gut Knoop biegt die Straße abermals ab, und wir halten uns geradeaus in die „Knooper Dorfstraße". Der Wegweiser zum „Kanalfeuer" weist zu einer am Kanal gelegenen Gaststätte, die wir später passieren. Wir gehen vor der Überquerung des Alten Eiderkanals rechts ein paar Stufen hinab und wandern mit Blick auf Röhrichtstreifen und Seerosen am idyllisch gelegenen Teilreststück des Alten Eiderkanals, dem Vorgänger des NOK, entlang (siehe auch Radtour Nord-Ostsee-Kanal und Alter Eiderkanal S. 72).

So gelangen wir zur Rathmannsdorfer Schleuse, die um 1781 erbaut wurde, wie es dem Gedenkstein zu entnehmen ist. Die Schleuse besteht aus zwei Kammern mit Ziegelstein- und Granitquaderwänden. Die Renovierung des Kanalstücks und der Schleuse, die etwa 1,25 Millionen DM kostete, wurde im Jahre 1984 abgeschlossen.

Wir umgehen die Schleuse und wandern auf dem Pfad am Feld entlang bis zu einer querenden Asphaltstraße, die links zum Gut Projensdorf führt. Wir gehen jedoch rechts, passieren eine Schranke und erreichen mit Blick auf die Alte und Neue Levensauer Hochbrücke den NOK. Hier bewegen wir uns links zurück Richtung Kiel. Im Gemäuer der alten Levensauer Hochbrücke wurde im Jahre 1993 bei einer Untersuchung das weltweit größte Winterquartier des Abendseglers entdeckt; diese Fledermausart gehört zu den gefährdeten Säugetierarten in Schleswig-Holstein.

Wir haben sodann bald die Hochbrücken von Holtenau im Blick und passieren das Aussichtslokal „Kanalfeuer" (☎ 04 31 / 36 33 05; Dienstag Ruhetag). Ein Wanderweg führt unter den Brücken zur kleinen Personenfähre von Holtenau (siehe Abstecher Holtenauer Schleusen) hindurch.

Wir gehen jedoch die nächste Abzweigung eines Asphaltwegs bergan und biegen gleich darauf rechts in den Wald, den wir zu Beginn unserer Wanderung im oberen Teil bereits durchquert haben. Später gehen wir bergauf, verlassen den Wald und kehren nach rechts zur „Villa Hoheneck" zurück.

Von hier ist noch ein interessanter Abstecher zur Holtenauer Schleuse des NOK möglich. Hierzu wandern wir unter den Hochbrücken hindurch, von denen man übrigens einen sehr schönen Blick auf den Kanal, die Schleusenanlagen und die Kieler Förde hat. Nach knapp einem Kilometer erreichen wir die Personenfähre, die Holtenau mit dem Stadtteil Kiel-Wik verbindet. Die Überfahrt, bei der auch Fahrräder mitgenommen werden können, ist, wie alle Verbindungen über den NOK, kostenlos.

Auf der anderen Kanalseite halten wir uns links entlang der Gleise, lösen eine Karte im Häuschen und können damit die neuen Holtenauer Schleusenbecken besichtigen (bis Sonnenuntergang) und von einer Aussichtsplattform aus genau den Schleusungsvorgang beobachten. Im Gegensatz zu den alten Schleusen am Holtenauer Ufer, die eine Länge von 125 und eine Breite von 22 Metern haben, sind die Schleusen auf dieser Seite erheblich größer: 310 Meter Nutzlänge und 40 Meter Nutzbreite weisen sie auf! Sie gelten damit als die größten Schleusen der Welt. Nur die Schleusen von Brünsbüttel am anderen Ende des Kanals auf der Nordseeseite können mit annähernd großen Maßen aufwarten.

Bedingt durch die schwankenden Wasserstände von Nord- und Ostsee heben oder senken die beiden Schleusen am Anfang und Ende des Kanals die Schiffe jeweils auf das Wasserniveau des NOK. Der eigentliche Schleusungsvorgang ist denkbar einfach: Die Schiffe fahren, entweder vom Kanal oder von der Kieler Förde kommend, in das jeweils zu ihrer Seite offene Schleusenbecken ein. Sie werden von sogenannten „Festmachern" in Empfang genommen, die mit einer ca. 25 Meter langen Wurfleine mit einem 300 Gramm schweren Gewicht am Ende ausgerüstet sind. Diese wird zu den Schif-

126 *Kiel und Dänischer Wohld*

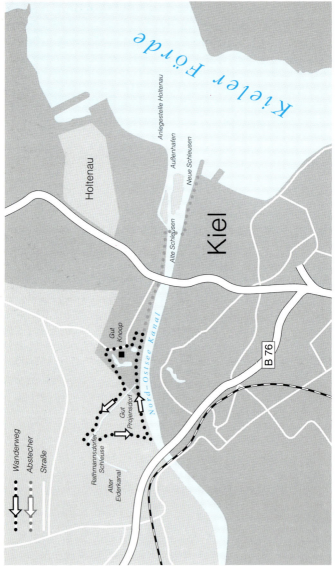

fen hinübergeworfen, um die dicken Schiffstrossen herüberziehen zu können.
Sind die Schiffe festgemacht, wird Wasser ein- oder abgelassen. Wenn das Wasserstandsniveau ausgeglichen ist, macht ein Glockenton darauf aufmerksam, daß die Schleusentore auf der anderen Seite geöffnet werden und die Schiffe, die besonders aus Ostsee-Anrainerländern, aber auch aus vielen anderen Ländern der Erde kommen, ihre Reise fortsetzen können. Der Schleusungsvorgang dauert jeweils etwa 45 Minuten. Der NOK, die Verbindung zweier Meere, gilt neben dem Panama- und dem Suez-Kanal als der dritte große Weltkanal. Er ist sogar die meistbefahrene künstliche Wasserstraße der Erde, wenngleich das Frachtaufkommen gegenüber den beiden anderen erstgenannten deutlich geringer ist.
Auf dem Rückweg können Sie auf der Holtenauer Seite noch einen Blick zum alten Leuchtturm von 1895 werfen, der an der Kanaleinfahrt steht und von dem man die Kieler Förde sehr schön überblicken kann. Hier steht in der Kanalstraße auch noch das mehrfach restaurierte Kanalpackhaus Holtenau, das um 1780 erbaut worden ist. Auf der Holtenauer Seite der Schleusenanlagen gibt es auch eine kleine Ausstellung, die über Bau, Betrieb und Unterhaltung des NOK informiert.
Der Abstecher zu den Schleusen beträgt hin und zurück ungefähr vier Kilometer.

Radtour
Dänischer Wohld
Gettorf – Krusendorf – Dänisch-Nienhof – Strande –
Dänischenhagen – Felm – Gettorf
Entfernung: ca. 49 km; Dauer: ca. 5 Stunden
Wir starten am Bahnhof Gettorfs, das im Zentrum des Dänischen Wohlds liegt, und von Kiel und Eckernförde gleichermaßen gut per Bahn zu erreichen ist. Vom Bahnhof aus halten wir uns schräg links und verlassen die Stadt Richtung Osdorf. In Osdorf radeln wir nach links in den Ort, vorbei an

Gaststätte und Kirche, eine relativ wenig befahrene Straße entlang. Hier finden wir eine noch vergleichsweise knickreiche Landschaft mit Feldern, Grünländern und kleinen Gehölzen. Am Wasserwerk kommt die Ostsee in Sicht. Hier besteht die Möglichkeit, nach rechts abbiegend, einen Abstecher zu den auf freiem Feld stehenden vorgeschichtlichen Grabhügeln bei Birkenmoor zu machen.

Wer gleich weiterfahren will, begibt sich weiter bergab bis zur Hauptstraße, die wir überqueren, um nach Krusendorf zu gelangen. An der Kirche vorbei geht es weiter nach Surendorf. Auf diesem gesamten küstennahen Stück gibt es verschiedentlich Möglichkeiten, an die Ostsee mit ihrem schönen Sandstrand und den Steilufern zu kommen (siehe auch Wanderung „Bewaldete Düne bei Noer" S. 113 und „Steilküste bei Dänisch-Nienhof" S. 118). Durch Surendorf mit dem Hotel und Restaurant „Tannenhof" hindurch kommen wir nach Dänisch-Nienhof und Stohl mit der Gaststätte „Zur Steilküste" (☎ 04308/241).

Weiter geht es nach links durch Marienfelde Richtung Strande. Die Abzweigung nach links führt über das Betriebsgelände des Guts Altbülk nach Strande hinein. Wir halten uns jedoch geradeaus. Der Abzweig, der kurz darauf nach Scharnhagen und weiter nach Kaltenhof führt, stellt eine kleine Abkürzung für den Rückweg dar, wodurch einige Kilometer gespart werden können.

Am Abzweig Strande fahren wir in den Ort hinein und halten uns dann rechts Richtung Hafen; geradeaus führt ein schöner Weg zum Bülker Leuchtturm, der exponiert am Ausgang der Kieler Förde liegt. Am Hafen von Strande und Schilksee, das etwas weiter südlich liegt, gibt es eine reichhaltige touristische Infrastruktur mit Restaurants, Kiosk, Segelhafen und langem Sandstrand. Von hier aus kann man auch per Fördedampfer Kiel und das Ostufer ansteuern, wo man unter anderem vom 85 Meter über NN liegenden Marine-Ehrenmal bei Laboe einen schönen Ausblick auf die Kieler Förde hat. Wir fahren zunächst am Wasser weiter und erreichen über eine Promenade die Hochhäuser von Schilksee mit dem Olympiahafen. Schilksee ist nicht nur Zentrum der jährlichen internationalen Segelwettkämpfe zur Kieler Woche, es war im Jahre 1972 auch Austragungsort der olympischen Segelregatten. Die Kieler Förde gilt als eines der besten Segelreviere der Welt.

Vor den Hochhäusern biegen wir rechts ab zur Hauptstraße und hier wieder links; zur Rechten liegt der Fuhlensee. An der Ampel fahren wir rechts in den Schilkseer Weg. Wenig später biegen wir in den Alten Kirchweg. Vorbei am Hof Heisch halten wir uns geradeaus, fahren oder schieben eine steile Abfahrt hinunter und halten uns an einem Waldstück entlang. Bergan geht es über ein Feld mit gutem Ausblick über Fuhlensee und Ostsee weiter. So erreichen wir die Fahnen des Golfplatzes auf dem Gut Uhlenhorst.

Wir radeln dann ein Stück nach rechts entlang der B 503. Durch die Unterführung unterqueren wir die Bundesstraße. Geradeaus geht es zum Gut Uhlenhorst; wir bleiben indes an der B 503 auf dem Radweg und fahren bergan und dann nach links nach Dänischenhagen. In diesem Ort gibt es eine der größten Landkirchen des Kreises, die im Jahre 1319 erstmals urkundlich erwähnt wird. In Dänischenhagen können wir wählen zwischen dem Gasthof „Zur Linde" (☎ 04349/380) und dem Landgasthof „Zur Eiche" (☎ 04349/384). Nahe dem Gasthof „Zur Eiche" biegen wir in die Schulstraße zu den Sportanlagen ein und verlassen den Ort über eine sehr schöne Eichenallee.

Wir halten uns dann zweimal links und kommen über Sturenhagen nach Kaltenhof. An der kreuzenden Straße in Kaltenhof halten wir uns links. Einen Abstecher ins Naturschutzgebiet „Kaltenhofer Moor" machen wir allerdings am besten, indem wir rechts abbiegen und nach 600 Metern links in den Moorweg einbiegen. Dabei ist es empfehlenswert, zu schieben oder zu Fuß zu gehen. An der Gabelung halten wir uns links, sollten aber einen Abstecher nach rechts zum Zentrum des Hochmoors machen.

Die um 1850 erbaute Holländermühle von Gettorf weist auf das reiche handwerkliche Leben dieses Marktortes in früheren Zeiten hin.

Kiel und Dänischer Wohld 131

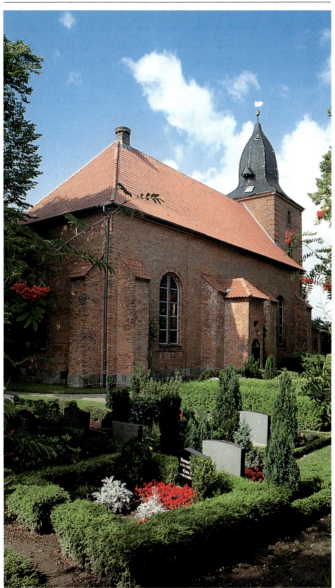

Die um 1735 erbaute Kirche von Krusendorf ist ein schlichter Backsteinbau des späten Barock. Sie ist Nachfolgerin der früheren gotischen Kirche, die bei Jellenbek am Steilufer der Förde stand.

Hier sind offene Wasserflächen und typische Moorpflanzen wie Torfmoose, Moosbeere, Wollgräser, Rosmarinheide, Rundblättriger Sonnentau und andere Arten zu finden. Allerdings ist das nur 54 Hektar große Naturschutzgebiet, das seit 1942 unter Schutz steht, stark mit Birken und Pfeifengras durchwachsen. Am Ende des Moores, wo der Forst von Stadthagen beginnt, bleiben wir links am Waldrand und kommen dann auf die Straße nach Felm.

Wer nicht durchs Moor will, fährt in Kaltenhof links an der Meierei vorbei und dann in den Stadthagener Weg. Wo die Straße einen scharfen Linksknick macht, folgen wir ihrem Verlauf. An dieser Stelle mündet auch unser kleiner Moorabstecher wieder auf die Hauptstrecke. Der Weg führt über Krück; nach rechts biegen wir nach Felm ab und in dem Ort links Richtung Felmerholz. Hinter Felmerholz geht es rechts nach Klein Felmerholz.

Wir fahren geradeaus, folgen einem scharfen Linksknick und biegen dann rechts ab auf eine kleine Straße, die parallel zur Schnellstraße der B 76 verläuft und später auf einer Brücke die Bundesstraße überquert. Auf dem weiteren Weg passieren wir das Gut Wulfshagen mit seinen großen Fachwerkscheunen und dem zweigeschossigen, weißen Herrenhaus, das im Jahre 1699 gebaut wurde.

Wir radeln weiter durch ein kleines Waldstück und halten uns dann rechts Richtung Tüttendorf/Gettorf. In Tüttendorf geht es links nach Gettorf. Am Ortsausgang weist ein Schild nach Landwehr (sechs Kilometer), wo wir Anschluß an die Kanaltour der Hüttener Berge hätten. In Gettorf kommen wir auch an dem rechter Hand liegenden Tier-, Vogel- und Blumenpark vorbei, der vor allem durch seine große Anzahl verschiedener Affen-Spezies und seine Vielzahl exotischer Vögel interessant ist (☎ 0 43 46 / 70 73).

An der Ampel halten wir uns geradeaus und kommen zur St.-Jürgen-Kirche, die wir rechts umfahren. Es ist eine alte Backsteinkirche aus dem 13. Jahrhundert, in deren Innerem neben dem Schnitzaltar und der verzierten Bronzetaufe die

Kiel und Dänischer Wohld 133

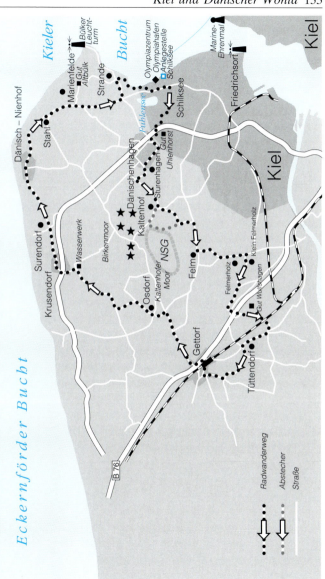

Renaissancekanzel von Hans Gudewerdt d. Ä. besondere Beachtung verdient. Diese 1598 geschaffene Kanzel gilt als das Hauptwerk des Künstlers und gehört zu den schönsten Kanzeln Schleswig-Holsteins. Im Mittelalter besaß Gettorf überregionale Bedeutung als ein wichtiger Pilgerort für die Verehrer des heiligen Jürgen, des Schutzpatrons der Reiter.

Auf der Mühlenstraße kommen wir direkt auf die im Jahre 1850 erbaute und inzwischen renovierte Holländermühle Gettorfs zu. An dieser rechts vorbei, überqueren wir die Schienen und erreichen linker Hand wieder den Bahnhof. Direkt am Bahnhof liegt die Pizzeria „Henninger Bräu" (☎ 0 43 46 / 65 04).

Restauranttips

Kiel:

Villa Hoheneck
Friedrich-Voß-Ufer 57
24159 Kiel
☎ 04 31 / 36 11 51
Internationale Gerichte;
mit Gartenterrasse, oberhalb des Nord-Ostsee-Kanals gelegen, Blick auf vorbeifahrende Schiffe.

China-Restaurant Shanghai
Kleiner Kuhberg 32–34
24103 Kiel
☎ 04 31 / 9 34 78
Für Freunde der chinesischen Küche; nahe der Ostseehalle gelegen.

*Hotel Restaurant
Avance – Conti Hansa*
Schloßgarten 7
24103 Kiel
☎ 04 31 / 5 11 50
Internationales Restaurant für gehobene Ansprüche.

Schöne Aussichten
Düsternbrooker Weg 16
24105 Kiel
☎ 04 31 / 56 61 07
Tagesgerichte, Wochenkarte, Fischkarte; schöne Aussicht auf die Kieler Förde, mit Terrasse.

Kieler Kartoffel-Keller
Alte Lübecker Chaussee 21
24113 Kiel
☎ 04 31 / 68 65 65
Heimische und internationale Spezialitäten rund um die Kartoffel; im Sommer Sitzmöglichkeiten im Freien unter Obstbäumen.

*Claudio's Ristorante
alla Scala*
Königsweg 46
24114 Kiel
☎ 04 31 / 67 68 67
Ausgewählte italienische Gerichte, erlesene Weine, Überraschungsmenü.

Veranstaltungspalast
Traumfabrik
Grasweg 19
24118 Kiel
☎ 04 31 / 54 81 06
Pizza aus dem Holzofen; Musikveranstaltungen, Kino, Darts und Billard in altem Fabrikgebäude.

Oblomow
Hansastraße 82
24118 Kiel
☎ 04 31 / 80 14 67
Studentenkneipe mit täglich wechselndem Stammessen für den kleinen Geldbeutel.

Restaurant im Kieler Schloß
Wall 74
24103 Kiel
☎ 04 31 / 9 11 58-59
Fleischgerichte, Fisch täglich frisch, Überraschungsmenü nach Ideen des Küchenchefs; Blick auf das geschäftige Treiben im Hafen.

September
Alte Lübecker Chaussee 27
24133 Kiel
☎ 04 31 / 68 06 10
Im ersten Stock gibt es erlesene Menüs mit vier oder sechs Gängen; Feinschmeckerrestaurant mit gemütlichem Gartenhof.

Alte Räucherei
Julienstraße 11
24148 Kiel
☎ 04 31 / 72 11 13
Spezialität: Pferdefleisch; am Ostufer der Kieler Förde gelegen.

L'Eremitage
Holtenauer Straße 203
24106 Kiel
☎ 04 31 / 33 44 31
Feinschmeckerrestaurant mit täglich wechselnder Speisekarte und regionalen Frischprodukten im Mittelpunkt.

Maritim Hotel Restaurant
Bellevue
Bismarckallee 2
24105 Kiel
☎ 04 31 / 3 89 40
Regionale und internationale Gerichte, maritime Spezialitäten in verschiedenen Variationen.

Gettorf:
Adria-Grillstube
Kieler Chaussee
24214 Gettorf
☎ 0 43 46 / 89 05
Internationale Gerichte und Balkan-Spezialitäten.

Ausflüge in die Umgebung

Das Dosenmoor bei Neumünster:
bedeutender Hochmoorrest in Schleswig-Holstein
Von den rund 45 000 Hektar Hochmoorfläche, die noch um 1880 Schleswig-Holstein bedeckten, sind heute lediglich etwa 4 500 Hektar nicht kultiviert. Also besitzen nur ca. 0,35 Prozent der Landesfläche noch Moor. Das Dosenmoor, das seit 1981 Naturschutzgebiet ist, stellt mit 521 Hektar das größte geschützte Hochmoor Schleswig-Holsteins dar.
Hochmoore sind stark spezialisierte, regional begrenzte Lebensräume, die eine in weiten Teilen im Bestand bedrohte, an den Lebensraum angepaßte Tier- und Pflanzenwelt aufweisen. Das Besondere des Hochmoors – im Gegensatz zu den anderen Moortypen – ist, daß es tatsächlich etwas höher liegt als die Umgebung und uhrglasförmig über der Landschaft aufgewölbt ist. Dadurch verlieren die im Hochmoor wachsenden Pflanzen, besonders Moose, den Kontakt zum Grundwasser, da der Untergrund nur noch durch das nährstoffarme Regenwasser gespeist wird. Hochmoore sind von Natur aus baumfrei. Neben dem hohen Wasserstand und niedrigen pH-Werten ist vor allem der auffallende Mangel an Nährstoffen (besonders Stickstoff) für diesen Lebensraum prägend. Das charakteristische Aussehen jedes Moores und die für die Tier- und Pflanzenwelt maßgeblichen Faktoren können dabei unterschiedlich ausgebildet sein.
Neben der torfwirtschaftlichen Nutzung (besonders in früheren Zeiten) spielen heute wasserwirtschaftliche und landwirtschaftliche Profite, der Nährstoffeintrag sowie in einigen Bereichen auch touristische Nutzungen die bedeutendste Rolle bei der Gefährdung der letzten Hochmoorreste und dem Rückgang der moor- und feuchtgebietstypischen Organismen.

Ausflüge in die Umgebung 139

Das Naturschutzgebiet „Dosenmoor"
nördlich von Neumünster ist einer der
letzten vergleichsweise naturnahen
Hochmoorreste in Schleswig-Holstein,
wo noch im letzten Jahrhundert ein
Großteil der Landesfläche mit Mooren
und Heiden bedeckt war.

Im Dosenmoor, in dem früher im Handtorfstich-Verfahren, aber auch industriell, Torf abgebaut wurde, bemühen sich die Naturschützer, alle Eingriffe zu minimieren. Darüber hinaus wurde hier versucht, durch eine Reihe von Regenerationsmaßnahmen die Rückentwicklung des Moores zu einem möglichst naturnahen Zustand zu unterstützen: durch Wiedervernässung bestimmter Bereiche, Rückstau des Wassers im Moor und Herausnehmen der Birken (Entkusseln), da diese Bäume im Zentralbereich eines intakten Hochmoors nichts zu suchen haben. Die Auswirkung dieser Maßnahmen auf die Lebewelt wurde über Jahre hinweg begleitend wissenschaftlich untersucht, so daß das Dosenmoor als eines der am besten erforschten Moore Schleswig-Holsteins, vielleicht sogar Mitteleuropas, gelten kann.

Wanderung
Entfernung: kleine Tour ca. 5 km; große Tour ca. 11 km
Sie erreichen das Dosenmoor über die B 4 von Kiel nach Neumünster. Kurz vor dem Ortsschild Neumünster im Stadtteil Einfeld kommt ein kleines Schild „Dosenmoor", das nach links weist. Hier parken wir nahe der B 4. Die Asphaltstraße führt unter der Bahnlinie hindurch, und an ihrem Ende wandern wir rechts an der Bahnlinie entlang. Kurz nach dem Ortsschild Neumünster führt der Weg an einer Infotafel ins Moor und Naturschutzgebiet.
Fahrräder sind erlaubt, aber der Weg ist zum Teil sehr uneben und bewachsen. Sie sollten, wie es für jedes Naturschutzgebiet selbstverständlich ist, auf den ausgewiesenen Wegen bleiben. Im Dosenmoor kann ein Abweichen von den Wegen sogar lebensgefährlich sein! Schon bald erblicken Sie rechter Hand die weite, baumlose Zentralfläche des Dosenmoors, auf der anderen Seite des Wegs stehen noch zahlreiche Birken. Dominierend unter den Gräsern ist das Pfeifengras, das früher wegen seiner fast knotenlosen Stengel zum Pfeifenreinigen benutzt wurde. Auch Heidekraut und Wollgras wachsen stellenweise in dichten Beständen.

Ausflüge in die Umgebung 141

Im Moor sind an einigen Stellen in die Gräben Bretter eingelassen, und runde Blechbehälter, sogenannte Mönche, stehen am Wegesrand. Dies dient dem Wasserrückstau, damit die typischen Wasserverhältnisse eines Hochmoors weitgehend erreicht werden.

Für die kürzere Wanderung nehmen wir den zweiten links abzweigenden Weg, der auch als Abstecher für die lange Wanderung interessant ist, da nach ca. 300 Metern ein kleiner Holzsteg ins Moor hineinführt. Wenn wir die Plattform passiert haben, kreuzt bald ein Hauptweg. Hier gehen wir links und halten uns auf dem Schotterweg am Wald, bis wir auf die Asphaltstraße treffen. Hier gehen wir links bis zur Abzweigung, unter der Bahnlinie hindurch und zur B 4 zurück.

Bei der langen Wanderung halten wir uns auf dem gerade durch das Moor führenden Weg, der über einige Holzstege führt. Genießen Sie die Ruhe, und lassen Sie die Landschaft auf sich wirken! An schönen Sommertagen kann man unzählige Libellen und Tagfalter beobachten. Auch andere Wirbellose, wie Käfer, die im Moor mit über 200 Arten vertreten sind, oder Spinnen, die mit ungefähr 150 Arten aufwarten können, kreuzen unseren Weg. Nur der melodische Balzgesang des Brachvogels oder der Ruf der Bekassine vermögen die Ruhe kurzzeitig zu durchbrechen.

Der Moorweg führt uns dann aus dem Moor hinaus. An der T-Gabelung wandern wir rechts im weiten Bogen weiter um das Naturschutzgebiet herum, immer am Randbereich entlang. An der Brücke, auf der die Asphaltstraße über die Dosenbek führt, bleiben wir rechts und gehen auf dem Radweg, bis die Straße „Am Moor" kurz vor der B 4 abzweigt. Zum Dosenmoor hin liegen Extensiv-Grünländer, die vor allem von Pferden, aber auch von den fremd anmutenden Schottischen Hochlandrindern, kenntlich an den langen Hörnern und dem zottigen Fell, beweidet werden.

Wir erreichen die Infotafel, die wir zu Beginn der Wanderung passiert haben und gehen auf dem gleichen Weg zum

Ausgangspunkt zurück. Kurz hinter der Infotafel führt eine Straße unter der Bahnlinie entlang, auf der wir zur B 4 gelangen. Wenn wir diese schräg links überqueren, kommen wir zum Café, Restaurant und Biergarten „Zur Alten Schanze" (siehe Restauranttips).

Auf der anderen Seite der B 4 liegt, dem Dosenmoor gegenüber, der Einfelder See mit einer hübschen Badestelle und weiteren Wandermöglichkeiten. Am Westufer, nahe dem Naturschutzgebiet „Westufer des Einfelder Sees", liegt eine gut erhaltene Verschanzung aus dem 9. Jahrhundert. Von Mühbrook am Nordufer des Sees aus kann man auch zum Bordesholmer See und zur ehemaligen Klosterkirche Bordesholm wandern.

Für einen anschließenden Abstecher nach Neumünster ist für den naturkundlich Interessierten vor allem der Tierpark (☎ 04321/51402) zu empfehlen. Hier werden über 700 Tierarten gezeigt. Neben zahlreichen europäischen Wildtieren sind auch verschiedene Haustierrassen zu bestaunen.

Wahrzeichen Neumünsters ist die Vicelinkirche, die in den Jahren 1829–1834 von dem bedeutenden dänischen Architekten des Klassizismus, Christian Frederik Hansen, erbaut wurde. Das im neugotischen Stil errichtete Rathaus stammt aus dem Jahre 1900. Interessant ist auch ein Besuch im Textilmuseum (siehe Infoteil Museen S. 182), in dem ein Überblick über die Geschichte der Spinnerei und Weberei sowie über die Kleidung der Bronze- und Eisenzeit gegeben wird.

Neumünster ist auch Sitz der Akademie für Natur und Umwelt des Landes Schleswig-Holstein, die im Bereich der Umweltbildung und als Koordinierungs- und Seminarstätte für alle Bereiche des Natur- und Umweltschutzes tätig ist.

In jedem Frühjahr findet seit 1987 in der Holstenhalle die UMWELTmesse statt, eine der bedeutendsten Veranstaltungen auf den Gebieten Umwelttechnik, Umweltschutz und Umweltforschung in Norddeutschland.

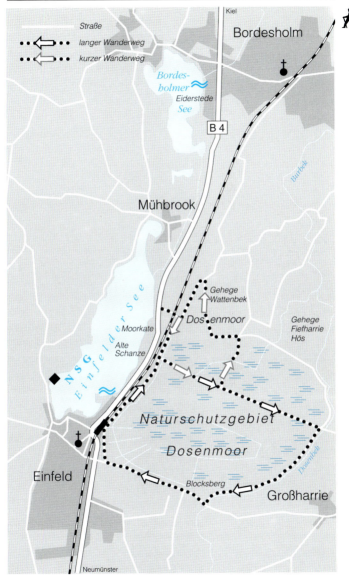

Restauranttips

Neumünster:

Zur Alten Schanze
Einfelder Schanze 96
24536 Neumünster-Einfeld
☎ 04321/520055
Lamm-, Wild- und Fischgerichte im 200 Jahre alten Zollhaus nahe dem Dosenmoor an der B 4.

Julischka
Kieler Straße 19
24534 Neumünster
☎ 04321/45241
Balkan-Spezialitäten und internationale Küche.

Kartoffelbörse im Ratskeller
Großflecken 63
24534 Neumünster
☎ 04321/42399
Für Freunde der Knolle: Kartoffelspezialitäten aus aller Welt.

Hotel – Restaurant Seeblick
Dorfstraße 18
24582 Mühbrook
☎ 04322/5943
Gerichte vom Schwein und Steaks; günstiger Ausgangspunkt für Wanderungen um den Einfelder- und Bordesholmer See.

Feuerstein
Mühlenhof 2−4
24534 Neumünster
☎ 04321/48151
Pizza aus dem Holzbackofen, auch Vegetarisches.

Eis-Meyer
Großflecken 45
24534 Neumünster
☎ 04321/41407
Eis in allen Variationen.

Geestlandschaft pur: der Naturpark „Aukrug"
Der im Jahre 1971 eingerichtete Naturpark „Aukrug" schließt sich südwestlich an den Naturpark „Westensee" an und liegt im Dreieck der Städte Rendsburg, Itzehoe und Neumünster. Der 35 000 Hektar große Naturpark liegt in der Geestlandschaft, die sich am Mittelrücken Schleswig-Holsteins entlangzieht. Dies unterscheidet ihn von den anderen fünf Naturparks des Landes, die überwiegend in der Jungmoränenlandschaft des Östlichen Hügellandes liegen. Neben den Altmoränen prägen die weiten Sanderflächen die Landschaft, in der neben ausgedehnten Agrarflächen Wälder, Heiden, Moore, zahlreiche kleinere Wasserläufe und Teiche liegen. Mit seinem Waldanteil von über 20 Prozent liegt dieses Erholungsgebiet deutlich über dem Landesdurchschnitt.

Am schnellsten erreicht man den Naturpark „Aukrug" über die A 7 von Hamburg nach Flensburg. Von der zweiten der drei Abfahrten Neumünsters („Neumünster") gelangt man über die B 430 in Richtung Hohenwestedt in den Ort Aukrug, der dem Naturpark seinen Namen gegeben hat und im Herzen desselben liegt. Die Gemeinde Aukrug ist im Jahre 1970 durch die Zusammenfassung der Bauerndörfer Bargfeld, Böken, Bünzen, Homfeld und Innien entstanden.

Neben einem Golf- und Segelflugplatz, Möglichkeiten zum Angeln, Kutsch- und Planwagenfahrten sowie weiteren Möglichkeiten zur sportlichen Betätigung finden wir hier auch das sehr orginelle Heimatmuseum „Dat ole Hus". Dieses im Jahre 1804 nach der fast vollständigen Vernichtung durch einen Brand in gleicher Form wiederaufgebaute Gebäude ist ein niederdeutsches Fachhallenhaus, das die Familie Hauschildt im Jahre 1961 erwarb und in dem sie in der Folgezeit eine eindrucksvolle Ausstellung einrichtete.

Die Besichtigung, die nur mit Führung möglich ist, gewährt einen interessanten Einblick in die Lebensweise früherer Generationen des Aukruggebiets. Das bäuerliche Wohnen und Arbeitsleben der Zeit von etwa 1750 bis 1850 und das von 1850 bis 1920 werden in zwei Wohnungen anhand einer

146 Ausflüge in die Umgebung

Die historische Bünzer Wassermühle im Naturpark „Aukrug" war eine Königsmühle. Um sie anzulegen, mußten mehrere Bäche umgeleitet werden.

Vielzahl von Ausstellungsstücken dargestellt. Mit der Ergänzung durch weitere Nebengebäude wie Stall, Wagenschuppen und Schäferkate hat sich das Heimatmuseum inzwischen zu einem kleinen Freilichtmuseum entwickelt. Den Besuch sollte man mit Kaffee und selbstgebackenen Waffeln im gemütlichen Garten abrunden.

Einige hundert Meter vom Museum entfernt steht die 450 Jahre alte mittelalterliche Bünzer Wassermühle. Hierbei handelt es sich um eine Königsmühle, in der die königlichen Untertanen der umliegenden Dörfer ihr Mehl mahlen lassen mußten. Nur bei ihrem Stillstand durften sie eine andere Mühle aufsuchen. Die klösterlichen Untertanen durften hier nicht mahlen lassen, sondern mußten ihr Korn zur 15 Kilometer entfernten klösterlichen Mühle fahren.

Von der frühen Besiedlung des Aukruggebiets zeugen verschiedene steinzeitliche Hünengräber, von denen das schönste am mit Buchen bestandenen „Kluesbarg" steht. Hinzu kommen mehrere bronzezeitliche Grabhügel, Funde aus der Eisenzeit und Reste dreier kleiner Burganlagen.

Für Radfahrer gibt es eine Reihe Touren, die vom Fremdenverkehrsverein des Naturparks erstellt worden sind. Eine interessante Radtour führt z. B. von Kellinghusen durch den Naturpark „Aukrug" und weiter nördlich durch die beiden anderen Naturparks Mittelholsteins bis nach Schleswig.

Selbstverständlich ist der Aukrug auch ein interessantes Wandergebiet. Vom 64 Meter hohen Glasberg und dem mit 77 Metern die Geestlandschaft überragenden Boxberg kann man schöne Aussichten über die Landschaft genießen. Der Boxberg, im Zentrum des Naturparks bei Aukrug gelegen, ist mit seinem Trimm-Dich-Parcours, Kinderspielplatz und Restaurant ein beliebtes Ausflugsziel. Er lädt mit seiner abwechslungsreichen Wald- und Heidelandschaft und seinen birkenbestandenen Sandwegen zu Wanderungen ein.

Die Erhebungen dieser Landschaft sind Bildungen der Saaleeiszeit. Es handelt sich bei ihnen, im Gegensatz zu den Jungmoränen des Östlichen Hügellandes aus der letzten Eiszeit, um Altmöranen. Der Name Boxberg leitet sich von dem Wort „Booksberg" ab, was Buchenberg bedeutet und auf den ehemaligen Waldbewuchs hinweist. Durch Nutzung als Waldweide, durch Holzeinschlag und schließlich durch Auswaschung verarmten seine Böden, auf denen heute vor allem Nadelbäume, Zwergsträucher und Heidevegetation wachsen. Der Gipfel wird durch einen „Hinkelstein" markiert, einen durch die Eiszeiten hierher transportierter Findling.

Ein interessanter mit der Nummer 17 markierter etwa sieben Kilometer langer Wanderweg streift den Südteil des Boxbergs und führt auf der anderen Seite der B 430 durch die umliegenden Wälder. Dabei geht man vorbei an zahlreichen terrassenartig in diese Waldlandschaft eingebetteten Fischteichen. In Waldhütten steht ein alter reetgedeckter Speicher, der Merkmale der nordischen Stabbauweise zeigt. Nahe der Bundesstraße stößt man auf die „Lübsche Trade", den alten Handelsweg zwischen Lübeck und Tondern, auf den ein Gedenkstein am Waldweg hinweist.

An der Südgrenze des Naturparks liegt an der Stör die Stadt Kellinghusen, die vor allem durch ihre Fayencen-Produktion einen bedeutenden Ruf erlangte. Die Keramiktradition der Stadt steht auch im Mittelpunkt der Ausstellung des Heimatmuseums Kellinghusen. Weitere Sehenswürdigkeiten sind die 1929 nach einem Brand neu errichtete Kirche aus dem 12. Jahrhundert, der Louisenbergturm, der einen prachtvollen Weitblick über die Täler der Stör und Bramau bis zur Elbe hinab bietet, und das Altdeutsche Haus, das ein Gedenkzimmer für den Dichter Detlev von Liliencron besitzt, der von 1883 bis 1885 in diesem Ort tätig war.

An der Westgrenze des Naturparks liegt Hohenwestedt, in dessen Mittelpunkt die schlichte spätbarocke Saalkirche von 1770 liegt, die eine ungewöhnlich geschweifte Turmhaube aufweist. Das Heimatmuseum im historischen Burmesterhaus behandelt unter anderem folgende Themen: Geschichte Hohenwestedts, Leben, Wohnen und Arbeit in vergangenen Zeiten und Fauna des Geestrückens.

Restauranttips Naturpark "Aukrug"

Aukrug

Alte Kaffeewirtschaft
Hauptstraße 39
24613 Aukrug-Innien
☎ 04873/1385
Kaffee und Kuchen;
nebenan können Sie Antiquitäten ansehen und kaufen; Montag Ruhetag.

Hanßen's Gasthof
Zum Glasberg 2
24613 Aukrug-Bargfeld
☎ 04873/216
Kuchen und Torten aus eigener Herstellung, täglich frisch; Montag Ruhetag.

Gasthof Aukrug
Bargfelder Straße 2
24613 Aukrug-Innien
☎ 04873/424
Traditionelle Gastlichkeit in ländlicher Umgebung; Montag Ruhetag.

*Café Restaurant
Am Boxberg*
24613 Aukrug-Homfeld
☎ 04873/625
Spezialität:Lachsforellen aus den Fischteichen des Naturparks;
Montag Ruhetag.

Heidehaus
An der B 430
24613 Aukrug-Homfeld
☎ 04873/433
Gute Küche; hier Start zur Wanderung entlang den Fischteichen möglich.

Hohenwestedt

Hotel Restaurant Landhaus
Itzehoer Straße 39–41
24594 Hohenwestedt
☎ 04871/944-946
Herzhafte ländliche Gerichte; mit Wintergarten-Restaurant, Biergarten und urtypischer Friesenstube.

Ludwigslust
Tannenbergallee 4
24594 Hohenwestedt
☎ 04871/2478
Deutsche Küche und Pizzeria, Auswahl an vegetarischen Gerichten.

Wo Adebar zu Hause ist:
Storchendorf Bergenhusen und Sorge-Niederung

Der Weißstorch ist zu einem Symbol des Naturschutzes geworden. Seine markante Gestalt zieht sich durch zahlreiche Märchen und Geschichten – man denke nur daran, woher angeblich die Kinder kommen –. Die zahlreichen Umweltprobleme, insbesondere die Ausräumung der Landschaft, die Intensivierung der Landwirtschaft und die Trockenlegung von Feuchtgebieten – haben jedoch gerade bei den empfindlichen Weißstörchen zu einem alarmierenden Rückgang der Bestände geführt. Der Storch ist daher geeignet, uns als sogenannter „Indikator" den Zustand der Umwelt anzuzeigen.

Wo die drei Flüsse Eider, Sorge und Treene in einer Niederung zusammenkommen, finden wir noch größere Feuchtgebiete, in denen der Storch und andere Feuchtwiesenvögel einigermaßen günstige Lebensbedingungen vorfinden. Der als „Storchendorf" bekannte Ort Bergenhusen gehört zu einem der storchenreichsten Dörfer Deutschlands.

Sie erreichen Bergenhusen, wenn Sie von der B 202 von Rendsburg nach Friedrichstadt in dem Ort Norderstapel Richtung Nordosten abbiegen. Sie können auch von der A 7 an der Abfahrt Schleswig/Jagel in Richtung Friedrichstadt über Rheide und Dörpstedt fahren und links nach Bergenhusen abbiegen.

Bergenhusen liegt etwas erhöht am Rande der Geest. Von hier hat man einen guten Überblick über die umliegenden, tiefer gelegenen eingedeichten Flächen, die mehr oder weniger künstlich trocken gehalten und entwässert werden. Neben den Störchen bietet der Ort viele hübsche reetgedeckte Häuser, die meist ein Storchennest oder mindestens eine Nisthilfe auf ihrem Dach tragen. Mit einer solchen kann sogar die Kirche des Ortes aufwarten, ein backsteinerner Saalbau von 1712, der im Innern barock ausgestaltet ist.

Von den vielen hübschen Reetdachhäusern hat sich das Medauhaus, ein landschaftstypisches Querdielenhaus, zu einem neuen Zentrum für naturkundlich interessierte Besu-

Ausflüge in die Umgebung 151

Die jungen Weißstörche machen ihre
ersten Flugübungen am Nest. Leider sind
in den letzten Jahren die Nester dieses
charakteristischen Vogels in Schleswig-
Holstein und sogar im Storchendorf
Bergenhusen des öfteren leer geblieben.

cher entwickelt. Das durch die Unterstützung des schleswigholsteinischen Umweltministeriums und privater Sponsoren mit Millionenaufwand renovierte Haus beherbergt heute das Naturschutzzentrum Bergenhusen des Naturschutzbundes Deutschland (NABU).

Es wurde im Mai 1993 seiner Bestimmung übergeben und informiert mit Landschaftsmodellen, Tierpräparaten, Postern und anderen Exponaten über die Tier- und Pflanzenwelt der Region und über die gefährdeten Feuchtlebensräume. Im Mittelpunkt der Ausstellung steht natürlich der in dieser Gegend „Hoierboier" genannte Weißstorch, aber es finden auch wechselnde Ausstellungen künstlerischer Werke im Naturschutzzentrum statt. An das Informationszentrum angeschlossen ist das „Institut für Wiesen und Feuchtgebiete", das sich sowohl regional als auch international mit dem Schutz von Wiesen- und Feuchtlebensräumen beschäftigt.

Dieses vom NABU betriebene Institut soll zu einem Zentrum der Weißstorchforschung und zum Schutz dieses zunehmend seltenen Tieres in Deutschland und auf internationaler Ebene werden. Der Storch, den der NABU in seinem Emblem führt und den er für 1994 zum „Vogel des Jahres" erklärt hat, bedarf des weltweiten Schutzes. Auf seinem Zug über die Meerenge des Bosporus oder Gibraltar und im afrikanischen Winterquartier machen dem Langbein direkte Nachstellungen, Lebensraumzerstörung, Pestizidanwendungen und auch Unbilden des Wetters (Dürreperioden) zu schaffen.

Besondere Bedeutung muß dem Schutz in den Brutgebieten zugemessen werden, wobei der Erhalt und die Wiederherstellung von natürlichen Feuchtgebieten, Kleingewässern, Feuchtgrünländern und Flußläufen sowie die Extensivierung der Landwirtschaft, Verhinderung der Landschaftszerstörung und Verdrahtung durch Hochspannungsleitungen im Mittelpunkt der Schutzbemühungen stehen. Ein Blick auf die Entwicklung der Bestände des Storchs zeigt deutlich die bedrohlichen Zustände:

Brüteten in ganz Deutschland im Jahre 1934 noch über 9 000 Paare, so waren es 1991 auf der gleichen Fläche nur noch 3 225. Bergenhusen macht hierbei keine Ausnahme. Vor 50 Jahren brüteten hier noch fast 60 Paare, heute sind es lediglich noch um die zehn. 1993 war ein ausgesprochen gutes Storchenjahr: 13 Brutpaare haben etwa 40 Jungtiere aufgezogen, so daß sich im Spätsommer fast 70 Jung- und Altstörche im Dorf und in der Niederung aufgehalten haben.

Bergenhusen sollte man nicht verlassen, ohne einen kleinen Abstecher in die Niederung, beispielsweise in die Spieljunken-Wiesen oder ins Colsrakmoor gemacht zu haben. Das Informationszentrum bietet einige ausgearbeitete Wandertouren durch das Dorf und die Niederung an, die zum Teil zum 660 Hektar großen Naturschutzgebiet „Alte Sorge-Schleife" gehört, das seit dem Jahre 1991 als Schutzgebiet ausgewiesen ist.

Für weitere Touren durch die Niederung der Alten Sorge kann man sich in Bergenhusen ein Fahrrad leihen. Auf den Touren sollte man außer nach den Störchen auch nach anderen interessanten Vögeln der Niederung Ausschau halten: Neben Rotschenkel, Uferschnepfe und Bekassine brüten hier auch Kiebitze, die als ehemalige Allerweltsvögel derzeit einen auffälligen Rückgang ihrer Bestände zu verzeichnen haben. Mit etwas Glück kann man vielleicht sogar balzende Sumpfohreulen oder die seltenen Wiesenweihen, die in der Umgebung Bergenhusens mit einigen Paaren brüten, über den Grünländern entdecken. Als Zug- und Wintergäste kann man Scharen von Goldregenpfeifern, Kampfläufern und Zwergschwänen beobachten.

Für die Eider-Treene-Sorge-Niederung, die in ihrer Gesamtheit die Kriterien für ein „Gebiet von gesamtstaatlich repräsentativer Bedeutung für den Naturschutz" erfüllt, gibt es eine Reihe von Konzepten, die auf ein Nebeneinander oder eine Entflechtung von Landwirtschaft und Naturschutz zielen. Die hier zu schützenden Feucht- und Wiesenlebensräume, in denen Storch, Uferschnepfe und Wiesenweihe brüten, stellen eine bäuerliche Kulturlandschaft dar. Der ländliche Charakter der Dörfer soll erhalten bleiben und der sanfte Tourismus mit umweltfreundlichen Urlaubsaktivitäten gefördert werden, was den in der Region lebenden Menschen neue Erwerbsmöglichkeiten eröffnen kann. Der Wasserstand soll auf den Vorrangflächen für den Naturschutz, die zum Teil von der Stiftung Naturschutz aufgekauft worden sind, wieder deutlich angehoben werden. Ihm kommt für den Erhalt der Feuchtlebensräume zentrale Bedeutung zu.

Es bleibt zu hoffen, daß wir in dieser Großlandschaft mit ihrer reichen Naturausstattung in der Lage sein werden, das Symbol dieses Feuchtlebensraumes, den Weißstorch, vor dem Aussterben zu bewahren, damit unsere Enkelkinder den Klapperstorch nicht nur aus Märchen und Geschichten kennen werden.

Auf einer Insel in der Marsch:
die holländische Siedlung Friedrichstadt

Wer unvorbereitet über eine der Brücken nach Friedrichstadt käme, würde zunächst denken, er hätte sich verlaufen und müßte sich eigentlich einige hundert Kilometer weiter westlich in den Niederlanden befinden. In der Tat ist der im Westküstenkreis Nordfriesland gelegene Ort eine holländische Gründung, was man an vielen Gebäuden und am Stadtbild auch heute noch problemlos ausmachen kann.

Sie erreichen Friedrichstadt über die B 202 entweder von Rendsburg oder westlich von Husum oder Tönning kommend. Die Stadt liegt an Eider und Treene auf einer von diesen beiden Flüssen und verbindenden Sielzügen gebildeten Binneninsel. Zusammen mit den die Stadt durchziehenden Grachten wird Wasser damit zum prägenden Element Friedrichstadts. Zu den besonderen Erlebnissen eines Besuchs gehört die Teilnahme an einer der vielen angebotenen Grachten-, Hafen- und Treenerundfahrten, auf denen zudem über Besonderheiten und die Geschichte der Stadt informiert wird. Man kann aber auch per Tret-, Ruder- oder E-Boot die Flüsse und Grachten auf eigene Faust erkunden. Zudem sind die Gewässer Friedrichstadts ein Paradies für Angler, Surfer, Segler und Sportbootfahrer.

Ein Spaziergang durch den Ort, eine Kutschfahrt oder eine der angebotenen Stadtführungen lassen schnell erkennen, daß man es hier mit einer außergewöhnlichen Stadt in Schleswig-Holstein zu tun hat.

Sie ist mit einem Alter von unter 400 Jahren relativ jung. Das Gemeinwesen wurde 1621 von Herzog Friedrich III. von Gottorf gegründet, und holländische Kaufleute und Glaubensflüchtlinge erbauten sie in Anlehnung an ihre heimatliche Bauweise. Die Gruppe der Remonstranten wurde nach dem Sturz der liberalen Regierung im Jahre 1618 aus ihrer Heimat Holland vertrieben. Im Zusammenhang damit drohte der Streit zwischen dem von ihnen vertretenen freiheitlichen und toleranten Christentum und der Denkweise der streng dogmatischen Calvinisten zu einem Bürgerkrieg auszuarten. Remonstranten werden sie genannt, weil sie in einer „remonstratie", einer Richtigstellung, ihre religiöse Überzeugung darlegten, die unter anderem auch der Regierung vorgelegt wurde.

Der Name der Stadt bezieht sich auf ihren fürstlichen Gründer, dessen Hoffnungen, aus der neuen Siedlung eine bedeutende Handelsstadt für den Orient-Welthandel zu machen, sich allerdings nicht erfüllten. Die Zahl der Einwohner hat selten die 3000er Grenze überschritten. Zwar gab es im Laufe der Zeit noch einige Zuwanderungen, z. B. protestantischer Weber aus Augsburg, aber nachdem sich die Verhältnisse in Holland geändert hatten, kehrten viele Remonstranten wieder in ihre Heimat zurück.

Während der nationalen Bewegungen in Europa und der Unabhängigkeitsbestrebungen in Schleswig-Holstein kam es nach der Besetzung Friedrichstadts durch dänische Truppen im Jahre 1850 zu einer Belagerung durch die schleswig-holsteinische Armee. Das Bombardement am 4. Oktober desselben Jahres richtete großen Schaden in der Stadt an und zerstörte etwa ein Drittel der Gebäude.

Mittelpunkt ist der Markt mit seinem Brunnenhäuschen von 1879, das zum Wahrzeichen der Stadt geworden ist. Auf der Westseite des Markts sieht man die geschlossene Reihe alter Treppengiebelhäuser in der Bauweise des 17. Jahrhunderts. An der Südseite findet man das im Jahre 1910 im Stil der niederländischen Renaissance erbaute Rathaus. Das erste Rathaus war bei der Beschießung der Stadt im Jahre 1850 zerstört worden.

Das architektonisch wertvollste Gebäude Friedrichstadts ist die am Mittelburggraben gelegene „Alte Münze" von 1626 mit der Mennonitenkirche. Das Gebäude wurde in den Jahren 1989 bis 1992 mit einem Aufwand von über zwei Millionen DM restauriert.

Besonders eindrucksvoll ist auch das Paludanushaus in der Prinzenstraße 28. Das im Jahre 1637 erbaute Gebäude ist das größte noch erhaltene Kaufmannshaus aus alter Zeit, dessen oberster Abschluß ein Halsgiebel nach Amsterdamer Vorbild ist. Schräg gegenüber steht ein Doppelgiebelhaus aus dem Jahre 1624.

Die Stadt besitzt zahlreiche weitere historische und sehenswerte Gebäude, von denen noch erwähnt seien: der Speicher in der Westerhafenstraße, das Fünfgiebelhaus am Fürstenburggraben, das Grafenhaus und das Neberhaus am Mittelburgwall sowie das Remonstrantenhaus am Ostersielzug, das heute als Privatklinik genutzt wird. Bei einem Gang durch die Stadt kann der aufmerksame Besucher weitere malerische Winkel, interessante Gebäude, Türen, Ornamente und andere Kleinodien entdecken. So sind an vielen Häusern Skulpturen und Hausmarken angebracht, wie es in Holland, besonders im Amsterdam des 17. Jahrhunderts, üblich war. Diese Hausmarken kennzeichnen die Häuser anstelle von Hausnummern und geben etwa Hinweise auf den Beruf des Bewohners: Weintrauben weisen auf einen Weinhändler, Rinderköpfe auf eine Rinderfellgerberei hin.

Friedrichstadt ist bekannt für seine religiöse Toleranz. Von den im 17. Jahrhundert hier lebenden sieben Religionsgemeinschaften gibt es heute noch fünf Konfessionen mit vier Kirchen. Neben der bereits erwähnten Mennonitenkirche gibt es eine Remonstrantenkirche, die im Jahre 1854, nach der Zerstörung, neu erbaut wurde, und eine ebenfalls 1854 geweihte katholische Kirche am Fürstenburgwall, die, ohne Turm, auf den ersten Blick eher einer großen Kapelle denn einer Kirche ähnelt. Am bemerkenswertesten ist die evangelisch-lutherische Kirche nahe dem Mittelburgwall, die im Jahre 1649 in Dienst genommen worden ist, und deren Turm von 1656 im Jahre 1762 barock erneuert wurde. Das Altargemälde „Beweinung Christi" stammt von Jürgen Ovens, dem bedeutendsten Barockmaler des Landes, der 25 Jahre in Friedrichstadt gewohnt hat.

Die geschlossene Reihe alter Treppengiebelhäuser an der Westseite des Marktplatzes in Friedrichstadt läßt den holländischen Einfluß in dieser Stadt unschwer erkennen.

Restauranttips

Friedrichstadt:
*Hotel Restaurant Café
Willhöft's Holländische
Stube*
Am Mittelburgwall 22–26
25840 Friedrichstadt
☎ 04881/7245
Heimische Spezialitäten
der Westküste und Stapel-
holms in historischen
Räumen von 1621.

*Parkrestaurant
Großer Garten*
Am Stapelholmer Platz
25838 Friedrichstadt
☎ 04881/223
Fischspezialitäten,
besonders Matjes;
mit großer Terrasse.

*Café Restaurant
Altes Amtsgericht*
Markt 12
25840 Friedrichstadt
☎ 04881/7743
Gute Auswahl an Fisch-
spezialitäten; am
Marktplatz.

Stadt-Café
Prinzenstraße 30
25840 Friedrichstadt
☎ 04881/1500
Spezialtät: Friedrich-
städter Waffeln.

Der besondere Tip

Von Auerochse bis Zackelschaf: seltene und gefährdete Haustierrassen im Haustier-Schutzpark Warder

Es gibt nicht nur eine „Rote Liste der gefährdeten wildlebenden Tier- und Pflanzenarten", inzwischen gibt es auch eine „Rote Liste der gefährdeten Haustierrassen". Durch die Intensivierung der Landwirtschaft hat vielerorts die Beschränkung auf einige wenige Hochleistungsrassen stattgefunden. Diese haben die robusten, meist an bestimmte Regionen und Landschaften gebundenen Rassen verdrängt.

Für eine ausgestorbene Rasse gilt das gleiche wie für eine Art: Sie ist für immer unwiederbringlich, mitsamt ihrem genetischen Material verloren. Viele gefährdete Haustierrassen werden nur noch von einigen wenigen engagierten Landwirten gehalten, oder ihr Überleben kann nur durch Tiergärten und Haustier-Schutzparks, und sei es nur für eine Übergangszeit, gesichert werden. Ein solcher Schutzpark seltener und gefährdeter Haustierrassen befindet sich in Warder. Er ist der einzige in Deutschland, der sich ausschließlich mit der Erhaltungszucht seltener Nutztierrassen beschäftigt.

Der Haustier-Schutzpark Warder liegt im südlichen Teil des Naturparks „Westensee" zwischen den Orten Warder und Langwedel. Bei der Anreise über die Autobahn A 7 nehmen Sie die Abfahrt Warder und folgen den Schildern zum Tierpark im Ort.

Auf einer Fläche von 40 Hektar werden 700 überwiegend europäische Haus- und Nutztiere aus 120 Rassen gezeigt. Füttern der Tiere ist, da es sich um Haustiere handelt, ausdrücklich erlaubt, so daß besonders Kinder hier auf ihre Kosten kommen. In einem Streichelgehege, das den Besucher gleich nach Passieren des Eingangs erwartet, können Kinder den ersten direkten Kontakt zu einigen Haustieren aufnehmen „Haustiere kann man anfassen und begreifen; das ist wichtig. Kinder als Verwalter der Restnatur von morgen sind die wichtigste Zielgruppe unseres Haustierparks", so Jürgen Güntherschulze, Leiter und Initiator des im April 1991 eröffneten Schutzparks.

Der etwa zweistündige Rundgang durch das Parkgelände zeigt wichtige Haustierrassen verschiedener Regionen Europas. Die Ungarn-Steppe ist beispielsweise mit Zackelschafen und Steppenrindern vertreten, aus Skandinavien kommen Fjällrinder und Gotlandschafe, Norddeutschland ist unter anderem vertreten mit Rotbunten und Bentheimer Schweinen, Angler Sattelschwein, Schleswiger Kaltblut sowie Heid- und Moorschnucken. Aber auch die großen Poitou-Riesenesel, die Schottischen Hochlandrinder mit zottigem Fell und langen Hörnern sowie die aufgeregten Bronzeputen erfreuen sich großer Beliebtheit bei den Besuchern.

In einem 1 000 Quadratmeter großen Schauhaus werden Kleinsäuger wie Kaninchen und Meerschweinchen sowie diverse Vogelarten und Nutzvogelrassen gezeigt. Auf einem Naturlehrpfad werden neben interessanter Trockenrasenflora und -fauna außerdem ein Nistkastenlehrpfad, Honigbienenlehrstand, Vogelbeobachtungshochstand und einiges mehr präsentiert.

Die allgemeine Bedeutung der Haus- und Nutztiere für den Menschen ist groß. Ohne diese wären die Seßhaftigkeit und die Entwicklung zu Hochkulturen kaum denkbar gewesen. Neben Nahrung, Kleidung und verschiedenen anderen Produkten nützen uns die Haustiere zu Transport- und Lastzwecken. Haustiere gehen auf Wildtiere zurück, die in der Obhut des Menschen besondere Selektionsbedingungen durchmachten, sich im Laufe der Generationen immer mehr von ihrer Stammform entfernten und eine erstaunliche Mannigfaltigkeit in Körperbau und Verhalten entwickelten. Vor weit über 10 000 Jahren hat der Mensch die ersten Wildtiere domestiziert. Wahrscheinlich waren die vom Wolf abstammenden Hunderassen die ersten Haustiere des Menschen,

162 *Der besondere Tip*

Das Rotbunte Husumer Schwein, eine Farbvariante des Angler Sattelschweins, zählt zu den vitalsten aller Schweinerassen und ist eine von mehr als hundert gefährdeten und seltenen Haustierrassen, die im Haustierschutzpark Warder zu bestaunen sind.

gefolgt von Schaf, Ziege, Schwein, Rind und später auch vom Pferd.

Warum nun, mag man sich fragen, soll man alte Haustierrassen nicht aussterben lassen? – Alte Haustierrassen besitzen Fähigkeiten und Eigenschaften, die bei den modernen Hochleistungsrassen meist vollständig verlorengegangen sind. Derartige Eigenschaften wie Vitalität, Fruchtbarkeit, geringe Krankheitsanfälligkeit, Genügsamkeit und hohe Qualität der Produkte, können durchaus wieder modern werden. Sind die Rassen indes ausgestorben, sind auch diese Eigenschaften für immer verloren.

Rückkreuzungen stellen in der Regel lediglich das ungefähre äußere Erscheinungsbild einer ausgestorbenen Rasse dar, können aber niemals das komplette genetische Inventar vorweisen. Auch als Kulturgut kommt alten Rassen oftmals besondere Bedeutung zu, da sie das Landschaftsbild ganzer Regionen prägen können und Ausdruck von Geschichte und Kultur der dort lebenden Menschen sind. Darüber hinaus erlangen alte Rassen in neuerer Zeit besondere Bedeutung beim Einsatz in Naturschutz und Landschaftspflege und außerdem durch ihre Eignung für extensive und umweltschonende Haltung.

Durch den Erhalt alter Haustierrassen sichern wir uns und unseren Kindern eine besondere Vielfalt in der Natur, an der sich auch spätere Generationen erfreuen werden, und die für uns eines Tages sogar von direktem Nutzen sein kann. Hierzu leistet der Haustier-Schutzpark Warder einen besonderen Beitrag.

Schleswig-Holstein auf 70 Hektar: das Freilichtmuseum Molfsee

Das im Juni 1965 eröffnete Freilichtmuseum in dem südlich von Kiel gelegenen Ort Molfsee zeigt auf einer Fläche von 67 Hektar etwa 70 verschiedene Objekte. Neben den typischen Haus- und Hofformen der unterschiedlichen Regionen Schleswig-Holsteins sind auch alte Scheunen, drei Wind-, eine Wassermühle, zwei Windräder und andere historische Objekte zu besichtigen. Viele der hierhin überführten Gebäude und Anlagen konnten so vor dem Verfall bewahrt werden.

Das Museum liegt direkt an der B 4, die von Kiel nach Neumünster führt, und ist mit Bussen von Kiel aus erreichbar. Von der Autobahn Hamburg−Kiel sind es von der Abfahrt Blumenthal sechs Kilometer bis zum Parkplatz des Freilichtmuseums. Der Weg ist von Kiel wie von der Autobahn gleichermaßen gut ausgeschildert.

Außerhalb der eigentlichen Museumsanlage, jedoch zum Gesamtkomplex dazugehörend, befinden sich das Brandschutzmuseum, das über Brand- und Unfallursachen sowie die Geschichte der Bekämpfung des Feuers informiert, der Drahtenhof mit der historischen Gaststätte und das Lauenburgische Durchfahrthaus, in dem sich eine im Sommer geöffnete Gaststätte mit Selbstbedienung befindet.

Durch ein Torhaus, das nach einem Entwurf für das im Naturpark „Westensee" gelegene Gut Deutsch-Nienhof errichtet wurde, betritt der Besucher das Museumsgelände. Derartige Torhäuser stellen den repräsentativen Eingang zu vielen Gutsanlagen in Schleswig-Holstein dar. Hinter ihnen präsentieren sich dem Besucher dann die großen Scheunen und imposante Herrenhäuser.

Für eine sinnvolle Planung der Wanderung über das Gelände und um die wichtigsten Informationen zu den Gebäuden und zu ihrer Herkunft zu erfahren, empfiehlt sich der Kauf des Museumsführers mit Lageplan. Die einzelnen Objekte sind zu einzelnen „Landschaften" und Regionen Schleswig-Holsteins zusammengestellt. Neben Lauenburg, Probstei, Stapelholm, Elbmarschen, Fehmarn, Dithmarschen und Nordfriesland sind aus dem Nordosten des Landes auch die Gebiete Schleswig und Angeln mit einer ganzen Anzahl von Exponaten vertreten.

Die Gebäude sind im Innern mit entsprechendem Mobiliar eingerichtet und vermitteln ein gutes Bild von der Wohnkultur der jeweiligen Epoche und Landschaft. Hinzu kommen weitere Ausstellungen, z. B. ländliche Arbeitsgeräte, Schlitten und Wagen, alte Meiereimaschinen, Bauernhausmodelle und wechselnde Sonderschauen. Schmied, Bäcker, Töpfer, Korbflechter und andere Handwerker arbeiten, über das Freilichtmuseum verteilt, in verschiedenen Gebäuden und bieten ihre Produkte zum Teil auch zum Kauf an. Zu den bekannten Antik-, Töpfer- und Kunsthandwerker-Märkten herrscht stets besonderer Andrang. Durch eine Vielzahl von Haustieren, wie u. a. Eseln, Tauben, Enten, Schafen, sogar rotbunten Schweinen wird das dörfliche Flair, das dem Besucher vermittelt wird, noch unterstrichen.

Die unterschiedliche Nutzung der Windkraft in früheren Zeiten wird dokumentiert mit einer Bockmühle von 1766, der Hollingstedter Mühle von 1865, einer Galerie-Holländer-Mühle und der Spinnkopfmühle aus Fockendorf aus dem Jahre 1922, die bereits elektrischen Strom produzieren konnte. Die herzoglich gottorfische Erbpachtmühle aus Rurup in Angeln (1778) zeigt die Nutzung der Wasserkraft, in ihrer Nähe steht das idyllische reetgedeckte Gartenhaus des Müllers Petersen von 1770.

Anhand des Südangeliter Hofes aus Süderbrarup und des Nordangeliter Hauses aus Böel-Schuby kann man sich die beiden Haustypen Angelns, die sich in der Ausrichtung der Diele unterscheiden, nebeneinander betrachten.

Der Hof Schmielau aus Süderdithmarschen von 1781, der Hauburg Alberts aus Witzwort in Eiderstedt (1743), das Haus Andresen aus Bergenhusen (um 1700), das Alte Pfarrhaus aus Grube/Ostholstein (1569), der Heydenreichsche

166 Der besondere Tip

Das Freilichtmuseum Molfsee bietet auf einer Fläche von ca. 70 Hektar eine Vielzahl interessanter Objekte, wie z. B. die Scheune aus Wilmsdorf von 1791. Im Hintergrund steht das typische Torhaus eines Schleswig-Holsteinischen Herrenhauses, das als Eingangsbereich des Museums dient.

Der besondere Tip 167

Bockwindmühlen (oben), hier eine aus dem Jahre 1766 im Freilichtmuseum Molfsee, werden seit dem 18. Jahrhundert auch als „Deutsche Mühlen" bezeichnet.

Eine Vielzahl sehenswerter reetgedeckter Häuser aus allen Teilen Schleswig-Holsteins findet man im Freilichtmuseum Kiel-Molfsee (unten); hier die interessante Wassermühle aus Rurup in Angeln.

Hof aus Herzhorn in der Kremper Marsch (1697) und der Hof Bockwoldt aus Teschendorf auf Fehmarn (1746) seien nur als einige Beispiele erwähnt, die die Wohnkultur vergangener Zeiten in verschiedenen Landschaften Schleswig-Holsteins in eindruchsvoller Weise darstellen.

Im Freilichtmuseum Molfsee erfährt der interessierte Besucher nicht nur etwas über die Haus- und Hofformen der unterschiedlichen schleswig-holsteinischen Landschaften, sondern auch über das Leben der Menschen in früheren Zeiten sowie ihr mannigfaltiges rustikales Brauchtum. Es lohnt sich gewiß, für den Besuch einige Stunden einzuplanen.

Restauranttips

Molfsee:

Drahtenhof
Hamburger Landstraße
24133 Kiel-Rammsee
☎ 0431/650889
Fischgerichte aus Nord-
und Ostsee, internationale
Küche, direkt am Museum;
Montag Ruhetag.

Bärenkrug
Hamburger Chaussee 10
24113 Kiel/Molfsee
☎ 04347/3309
Fisch, Fleisch, Holsteiner
Rustikales und Vege-
tarisches; zwei Kilometer
vom Museum;
Montag Ruhetag.

*Hotel Restaurant
Catharinenberg*
Hamburger Chaussee 21
24113 Kiel/Molfsee
☎ 04347/2736
Pferde- und Elchsteak für
den besonderen
Geschmack; nahe dem
Museum.

*Hotel Restaurant Café
Molfseer Hof*
Hamburger Chaussee 15
24113 Kiel/Molfsee
☎ 04347/9040
Schleswig-Holsteiner- und
Fischspezialitäten;
zwei Kilometer vom
Museum entfernt.

Termine zwischen Eckernförde und Kiel

Neben einer Vielzahl von lokalen Veranstaltungen, Konzerten, Handwerkermärkten und Vorträgen gibt es eine ganze Reihe meist jährlich und regelmäßig stattfindender Veranstaltungen, die zum Teil auf eine lange Tradition zurückblicken können. Die folgende Übersicht stellt einige wichtige Termine zwischen Flensburg, Eckernförde und Kiel sowie den Randbereichen dieser Region vor. Weitere Hinweise zu lokalen Terminen und Veranstaltungen erteilen gerne die Fremdenverkehrsämter.

Schleswig-Holstein Musikfestival (SHMF)
Jeden Sommer finden an über 30 Orten, in Schlössern, Herrenhäusern, Scheunen und Kirchen Konzerte mit namhaften Künstlern statt. Dieses Festival, das die klassische Musik einem breiten Publikum öffnet, gehört inzwischen zu den größten Klassik-Veranstaltungen Europas. Zwischen Kiel und Flensburg finden Konzerte im Schloß zu Kiel, im Schloß Glücksburg, im Schleswiger Dom, in der St. Nicolai-Kirche in Kappeln, im Deutschen Haus in Flensburg sowie in den Herrenhäusern Emkendorf und Altenhof statt. Info: Schleswig-Holstein Musikfestival, ☎ 0 40 / 2 48 21 10.

Schleswig-Holstein Gourmet Festival
Fünf Monate lang (Oktober bis Februar) laden verschiedene bekannte Restaurants des Landes zu einer kulinarischen Galaveranstaltung ein, bei der jeweils ein hochkarätiger Gastkoch mit den Köchen des Hauses ein erlesenes Menü zaubert. Info: Geschäftsstelle Kooperation Gastliches Wikingerland e. V., ☎ 0 46 21 / 38 32 86.

Nordische Tafelfreuden

Ein weiteres kulinarisch-gastliches Festival, in Feinschmekker-Restaurants über ganz Schleswig-Holstein verteilt, sind die „Nordischen Tafelfreuden". Geladene Meisterköche aus vielen Ländern kreieren mit regionalen Grundprodukten erlesene Speisefolgen. Inzwischen hat sich die Veranstaltung mit der Teilnahme Dänemarks und Mecklenburgs auch nach Norden und Osten ausgedehnt. Info: Historischer Krug Oeversee, ☎ 0 46 30 / 3 00.

Eckernförde

Aal-Regatta
Zu Beginn der Kieler Woche am vorletzten Wochenende im Juni findet die Regatta von Kiel nach Eckernförde und zurück statt; in Eckernförde kommen zahlreiche Oldtimer-Segelschiffe dazu, und es wird ein buntes Begrüßungsprogramm geboten.

Eckernförder Sprottentage
Da die „Echten Kieler Sprotten" überwiegend aus Eckernförde kommen, wo die kleinen Heringsverwandten geräuchert werden, ist es nur recht und billig, daß diese kleinen Delikatessen zum Mittelpunkt eines Stadtfestes in der ersten Augusthälfte gemacht werden. Info: Kurverwaltung Eckernförde, ☎ 0 43 51 / 9 05 20.

Kiel

Kieler Woche
Seit mehr als hundert Jahren findet auf der Kieler Förde in der letzten vollen Juni-Woche eines der größten Segelspektakel der Welt statt. Kultur, Kulinarisches und Kinder kommen bei dieser sommerlichen Festwoche ebenfalls nicht zu kurz. Info: Kieler-Woche-Büro, Stadt Kiel,
☎ 04 31 / 9 01-24 00.

Kieler Umschlag
Während dreier winterlicher Tage Ende Februar bringt der Kieler Umschlag, einst ein wichtiger Markt für Geld- und Warenumschlag, Volksfeststimmung in die Innenstadt.

Neumünster
UMWELTmesse
Jedes Jahr im Mai findet in der Holstenhalle eine der bedeutendsten Veranstaltungen zu den Themen Umwelttechnik, Umweltforschung und Umweltschutz im norddeutschen Raum statt. Info: innvoa GmbH, ☎ 04321/12041.

Westensee
Catharinen-Konzerte
Von Ende Mai bis Anfang September findet alle 14 Tage ein Konzert vor allem junger Nachwuchskünstler in der alten, idyllisch am Westensee gelegenen St. Catharinen Kirche, die aus der Mitte des 13. Jahrhunderts stammt, statt. Info: Freundeskreis der Catharinen-Konzerte Westensee e.V., ☎ 040/5239401 und 04347/7616

Informationen von A bis Z

Angeln
Bei dem Küsten- und Gewässerreichtum Schleswig-Holsteins gibt es zahlreiche Möglichkeiten, auf Binnengewässern, an der Küste und auf hoher See den Haken ins Wasser zu hängen. Eine Broschüre des Fremdenverkehrsverbandes Schleswig-Holstein informiert über Angelmöglichkeiten im Lande.

Baden
Die Badewasserqualität der Nord- und Ostsee ist gut bis sehr gut. Die Badestellen werden regelmäßig überwacht. Informationen über die aktuelle Qualität der Badegewässer bekommt man bei den örtlichen Kurverwaltungen, beim Ministerium für Natur, Umwelt und Landesentwicklung (☎ 0431/205244 und 219326) sowie bei den zuständigen Gesundheitsbehörden: Rendsburg-Eckernförde (04331/202245) und Kiel (0431/9011050).

Camping
Camping-Urlaub ist in Schleswig-Holstein kein Problem. Hier gibt es das dichteste Netz von Campingplätzen aller Bundesländer. Einen Spezialprospekt über Camping in Schleswig-Holstein gibt es beim Fremdenverkehrsverband in Kiel; Info auch beim Verband der Campingplatzhalter Schleswig-Holstein e. V. (☎ 04554/1757).

Essen
Die schleswig-holsteinische Küche gilt als deftig-kräftig, wie zum Beispiel das Schwarzsauer, ein Gericht aus Fleisch, Brühe und Blut, das früher zu Schlachtfesten gereicht wurde. Birnen, Bohnen und Speck sind eine beliebte spätsommerliche Spezialität. Ebenfalls deftig ist die Aalsuppe, in die

neben Schinkenknochen, Fleisch, reichlich Gemüse und Obst frische Stücke gekochten Aals hineingehören.

Die beiden Küsten bieten natürlich reichlich Spezialitäten des Meeres: Frische Schollen oder Butt, am besten in Speck gebraten, Aal, Matjes, gebratene Heringe in Sauer, Dorsch in Senfsoße oder das Seemannsgericht Labskaus. Auch die geräucherten Spezialitäten, die Kieler Sprotten und den Holsteiner Katenrauchschinken, sollte man probiert haben.

Sehr beliebt sind auch süße Buttermilchsuppen, Fliederbeersuppe (aus Holunderbeeren) oder die cremige Rote Grütze aus den verschiedensten sommerlichen Beeren.

Für besondere Feinschmecker bieten das „Schleswig-Holstein Gourmet Festival" und die „Nordischen Tafelfreuden" (siehe: Termine zwischen Eckernförde und Kiel S. 170/171) die Möglichkeit, das kulinarische Schleswig-Holstein kennenzulernen.

Ferien auf dem Bauernhof
Urlaub beim Bauern ist besonders für Familien und Kinder interessant. Etwa 3 000 landwirtschaftliche Betriebe bieten im Lande Urlaub auf dem Bauernhof an. In einem Spezialprospekt des Fremdenverkehrsverbandes Schleswig-Holstein stehen genauere Informationen und Adressen.

Fremdenverkehrsverbände
siehe Touristen-Information und Fremdenverkehr

Geographische Daten Schleswig-Holsteins
Bei einer Gesamtfläche von 15 731 Quadratkilometern beträgt die größte Entfernung Nord-Süd 236 km und West-Ost 165 km (Eiderstedt bis Fehmarnsund), während die kürzeste Entfernung in der Breite zwischen Schleswig und Husum 33 km beträgt.

Die Küstenlänge an der Ostsee beträgt ohne Schlei und Fehmarn 313 km. Die Landgrenze zu Dänemark hat eine Länge von 67 km.

Größte Bodenerhebung ist der Bungsberg (Gemeinde Schönwalde) mit 167 m über NN, tiefste Landstelle ist bei Wilster (Kreis Steinburg), mit 3,54 m unter NN ist es gleichzeitig die tiefste deutsche Landstelle.
Größte Seen sind Großer Plöner See (29 qkm), Selenter See (22 qkm), Ratzeburger See (14 qkm), Schaalsee (Anteil Schleswig-Holstein 12 qkm), Wittensee (10 qkm) und Westensee (7 qkm).
Längster Fluß ist die Eider (180 km), und der bedeutendste Kanal ist der Nord-Ostsee-Kanal (99 km).

Herrenhäuser
Weite Teile der schleswig-holsteinischen Landschaft, besonders im Osten des Landes, werden durch die adeligen Güter mit zum Teil imposanten Herrenhäusern und Schlössern bestimmt. Die Karte auf S. 178/179 gibt eine Übersicht über die wichtigsten Herrenhäuser der Region. Die meisten von ihnen sind privat bewohnt und können nicht besichtigt werden. In den Herrenhäusern von Altenhof, Knoop und Emkendorf, die bei den Darstellungen der Einzelregionen und Touren Erwähnung finden, sind Besichtigungen für Gruppen und nach Voranmeldung möglich.

Hunde
Hundebesitzer sollten bedenken, daß die geliebten Vierbeiner nicht überallhin mitgenommen werden dürfen. Es gibt spezielle Hundestrände, aber an vielen Stränden der Ostsee und Badestellen der Binnenseen besteht Hundeverbot.

Jugendherbergen
Ascheffel-Aschberg: „Aschberghaus", 24358 Ascheffel, ☎ 0 43 53 / 3 07.
Eckernförde: Sehestedter Str. 27, 24340 Eckernförde, ☎ 0 43 54 / 2 19.
Friedrichstadt: Ostdeutsche Str. 1, 25840 Friedrichstadt/Eider, ☎ 0 48 81 / 79 84.

Kiel: Johannesstraße 1, 24143 Kiel (Gaarden),
☎ 04 31 / 73 14 88.
Neumünster: Franz-Rohwer-Straße 10, 24534 Neumünster,
☎ 0 43 21 / 4 36 69.
Rendsburg: „Rotenhof", Rotenhöfer Weg 48, 24768 Rendsburg, ☎ 0 43 31 / 7 12 05.
Westensee: Am See 24, 24259 Westensee, ☎ 0 43 05 / 5 42.

Kinder

Natur, Strand und Wasser allein sind für Kinder schon interessant, aber Schleswig-Holstein ist weiterhin bemüht, noch kinderfreundlicher zu werden und eine kindgerechte Infrastruktur auszubauen. Ein Bilderbuch und einen Kinderprospekt über Schleswig-Holstein gibt es beim Fremdenverkehrsverband in Kiel. Der Kinderpaß ist ein Ermäßigungsgutschein für junge Urlauber bis 14 Jahre.

Knicks

Knicks sind freiwachsende Wallhecken, die ein besonderes, prägendes Element der schleswig-holsteinischen Landschaft darstellen. Zur Pflege der Knicks gehört es, daß sämtliche im Knick wachsende Gehölze alle paar Jahre kurz abgeschnitten („geknickt") werden; einige größere Bäume werden im Knick als sogenannte „Überhälter" stehengelassen. In der intensiv genutzten Agrarlandschaft stellen die Knicks wichtige Refugien für eine vielfältige Tier- und Pflanzenwelt dar und haben zudem eine bedeutende Funktion beim Biotopverbund.

Kuren

Über 100 staatlich anerkannte Heilbäder, Kur- und Erholungsorte, davon etwa 40 Seeheilbäder und Seebäder an den Küsten gibt es im Land. Der Fremdenverkehrsverband Schleswig-Holstein und der Heilbäderverband Schleswig-Holstein (☎ 04 31 / 5 60 00) informieren über einen Kur-Aufenthalt in Schleswig-Holstein.

Die meisten Kur- und Badeorte erheben eine von allen Besuchern zu entrichtende Kurabgabe (Kurtaxe), die zur Instandhaltung der Kur- und Erholungseinrichtungen eingesetzt wird.

Landschaftsschutzgebiete (LSG)
siehe Schutzgebiete

Megalithgräber
Aus großen Steinen (Megalithen) errichtete Grabanlagen, die auch als „Pyramiden des Nordens" bezeichnet werden, dienten den Menschen der Jüngeren Steinzeit zur Bestattung ihrer Toten. Hierzu wurden bis zu mehrere Tonnen schwere eiszeitlich nach Schleswig-Holstein verfrachtete Findlinge verwendet.
Im Kern der bronzezeitlichen Grabhügel liegen auch oft Megalithgräber, über denen sich mehrere Schichten von Baumsarggräbern befinden können.
Grabanlagen der Jüngeren Steinzeit und Erdhügel der Bronzezeit kann man noch an verschiedenen Stellen in der Landschaft finden.

Ministerien und Behörden
Akademie für Natur und Umwelt, Carlstraße 169, 24537 Neumünster, ☎ 04321/90710.
Landesamt für Naturschutz und Landschaftspflege, Hansaring 1, 24145 Kiel, ☎ 0431/718390
Landesamt für Wasserhaushalt und Küsten, Saarbrückenstr. 38, 24114 Kiel, ☎ 0431/66490.
Ministerium für Natur, Umwelt und Landesentwicklung – Referat Öffentlichkeitsarbeit, Grenzstr. 1–5, 24149 Kiel, ☎ 0431/219-267
Ministerium für Arbeit und Soziales, Jugend, Gesundheit und Energie, Pressereferat, Brunswiker Str. 16–22, 24105 Kiel, ☎ 0431/596-5160
Staatliche Vogelschutzwarte, Olshausenstr. 40, 24118 Kiel, ☎ 0431/880-4502

Informationen von A bis Z

Die wichtigsten Herrenhäuser

1. Schloß Glücksburg
2. Gelting
3. Rundhof
4. Drült
5. Buckhagen
6. Roest
7. Dollrott
8. Lindauhof
9. Schloß Gottorf
10. Marienhof
11. Krieseby
12. Stubbe
13. Damp
14. Grünholz
15. Ludwigsburg
16. Saxtorf
17. Hemmelmark
18. Louisenlund
19. Windeby
20. Altenhof
21. Noer
22. Wulfshagen
23. Knoop
24. Rosenkrantz
25. Kieler Schloß
26. Kluvensiek
27. Klein-Nordsee
28. Bossee
29. Emkendorf
30. Deutsch-Nienhof
31. Schierensee
32. Salzau

Informationen von A bis Z 179

Museen und Sammlungen

24340 Altenhof (bei Eckernförde):
Herrenhaus Gut Altenhof, ☎ 0 43 51 / 4 13 34 und 4 14 28 (Mai–Sept.; Gruppen n. V.)

24161 Altenholz (Kiel):
Wanderndes Museum der Universität Kiel, Herrenhaus Stift, ☎ 04 31 / 32 10 11 – 12

24613 Aukrug-Bünzen:
„Dat ole Hus", Na 't ole Hus 1, ☎ 0 48 73 / 6 03 (Sa., So. und Feiertage 14–18 Uhr und Gruppen n. V.)

24340 Eckernförde:
Heimatmuseum, Altes Rathaus, Rathausmarkt 8, ☎ 0 43 51 / 90 41 36 (Di.–Fr. 15–17 Uhr, Sa. und So. 10–17 Uhr, Juli/Aug. täglich 10–17 Uhr außer Mo., nur Sa. und So. 10–17 Uhr).

25557 Hanerau-Hademarschen:
Heimatkundliches Museum, Im Kloster, ☎ 0 48 72 / 30 00 (n. V.)

24594 Hohenwestedt:
Heimatmuseum Burmesterhaus, Friedrichstr. 11, ☎ 0 48 71 / 22 29 und 36-0 (Di.–Fr. und So. 14–17 Uhr)

25548 Kellinghusen:
Museum Kellinghusen, Hauptstr. 18, ☎ 0 48 22 / 39 47 (März––Dez., Di., Mi., Do., Sa. und So. 14–17 Uhr, Mo. und Fr. geschlossen).

Kiel:
24149: *Computer-Museum der FH Kiel*, Grenzstr. 3, Kiel-Diedrichsdorf, ☎ 04 31 / 2 19 90 (n. V.)
24105: *Kunsthalle und Antikensammlung zu Kiel*, Düstern-

brooker Weg 1, ☎ 04 31 / 5 97-37 58 und 5 97-37 51 (Di. – Sa. 10 – 18 Uhr [Mi. bis 20 Uhr], So. 10 – 17 Uhr)

24105: *Aquarium, Institut für Meereskunde,* Düsternbrooker Weg 20, 04 31 / 5 97-38 57 (Apr. – Sept. tgl. 9 – 19 Uhr, Okt. – März täglich 9 – 17 Uhr)

24118: *Botanischer Garten der Universität,* Olshausenstr. 40/ Leibnitzstr., ☎ 04 31 / 8 80-42 75 (täglich geöffnet, jahreszeitlich wechselnd)

24103: *Kieler Stadt- und Schiffahrtsmuseum,* Warleberger Hof, Dänische Str. 19; Fischhalle und Museumsbrücke, Wall 65, ☎ 04 31 / 9 01-34 25 (15. Apr. – 14. Okt. täglich 10 – 18 Uhr, 15. Okt. – 14. Apr. Di. – So. 10 – 17 Uhr)

24103: *Schleswig-Holsteinische Landesbibliothek,* Schloß, ☎ 04 31 / 90 67-1 72 und 90 67-165 (Mo. + Mi. 10 – 17 Uhr, Di. + Do. 10 – 19 Uhr, Fr. 10 – 12 Uhr)

24118: *Mineralogisches und Geologisches Institut und Museum,* Postanschrift: Olshausenstr. 40, Museum: Ludwig-Meyer-Straße, ☎ 04 31 / 8 80-28 87 und 8 80-28 51 (Mi. 14 – 18 Uhr und n. V.)

24118: *Kulturviertel – Stadtgalerie im Sophienhof,* Sophienblatt 30, ☎ 04 31 / 9 01 34 10 (Di. 14 – 19 Uhr, Mi. – Fr. 10 – 17 Uhr, Sa. und So. 11 – 17 Uhr)

24105: *Museum für Völkerkunde,* Hegewischstr. 3, ☎ 04 31 / 5 97 40 00 (Di. – Sa. 10 – 17 Uhr, So. 10 – 13 Uhr)

24103: *Stiftung Pommern, Gemäldegalerie,* Rantzaubau, Dänische Str. 44, ☎ 04 31 / 9 39 22 (Di. – Fr. 10 – 17 Uhr, Sa. und So. 14 – 18 Uhr)

24105: *Zoologisches Museum,* Hegewischstr. 3, ☎ 04 31 / 5 97-41 70 und 5 97 - 41 80 (Di. – Fr. 10 – 17 Uhr, Sa. 10 – 17 Uhr und So. 10 – 13 Uhr)

24235 Laboe (bei Kiel):
Marine-Ehrenmal und U-Boot Museum, U-Boot 995, Strandstr. 92, ☎ 043 43 / 87 55 (täglich ab 9 Uhr)

24113 Molfsee (bei Kiel):
Schleswig-Holsteinisches Freilichtmuseum, Hamburger Landstr., ☎ 0431/65555 (1. Apr.–31. Okt. Di.–So. 9–17 Uhr, [Juli und Aug. auch Mo. 9–17 Uhr]; 1. Nov.–31. März So. 10 Uhr–Dämmerung)
Brandschutzmuseum, Hamburger Landstr. 111, ☎ 0431/650302 (Apr.–15. Nov. täglich außer Mo. 10–18 Uhr, Gruppen n. V.)

24534 Neumünster:
Textilmuseum, Parkstr. 17, ☎ 04321/403316 (Mo.–Fr. 10–16 Uhr, So. 10–13 Uhr)

24589 Nortorf:
Skulpturenpark, Landschaftspark, ☎ 04392/401213; Postanschrift: Stadtverwaltung, Niederstr. 6, (ganztägig)

24782 Rendsburg/Büdelsdorf:
Eisenkunstguß-Sammlung, Glück-Auf-Allee 4, ☎ 04331/38711 (Di.–Sa. 15–18 Uhr, Mi. 9–12 Uhr und 15–18 Uhr, So. 10–12 Uhr, Gruppen n. V.)

24768 Rendsburg:
Jüdisches Museum und Dr. Bamberger Haus, Prinzessinstr. 7–8, ☎ 04331/25262 (Di.–Sa. 11–13 Uhr und 16–18 Uhr, außer Mo., So. 15–18 Uhr)
Museen im Kulturzentrum, Hohes Arsenal, Arsenalstr. 2–10, ☎ 04331/206632 (Di.–Sa. 10–12 Uhr und 15–18 Uhr, So. 10–13 Uhr und 15–18 Uhr, Mo. geschlossen)
Elektro-Museum, Kieler Str. 19, ☎ 04331/182465 (Mo.–Fr. 10–17 Uhr, Gruppen n. V.)

Naturschutz
Neben dem staatlichen Naturschutz (Ministerium, Landesämter, Landschaftspflegebehörden) gibt es eine Vielzahl von landesweit und lokal aktiven Naturschutzverbänden, die sich

in überwiegend ehrenamtlicher Tätigkeit dem Naturschutz widmen. Dachverband ist der Landesnaturschutzverband (☎ 04 31 / 9 30 27) in Kiel. Nach dem neuen Landesnaturschutzgesetz von 1993 ist es erklärtes Ziel, auf mindestens 15 Prozent der Landesfläche einen Vorrang für den Naturschutz zu begründen.

Naturlaub
Die Aktion „Naturlaub" ist eine Initiative des Fremdenverkehrsverbandes Schleswig-Holstein und der Natur- und Umweltschutzvereinigungen des Landes. Ein Prospekt über Natur und Urlaub (erhältlich beim Fremdenverkehrsverband Schleswig-Holstein) gibt Anregungen für richtiges Verhalten in der Natur und einen naturverträglichen Urlaub.

Naturparks in Schleswig-Holstein
Es gibt derer fünf in Schleswig-Holstein: „Hüttener Berge", „Westensee", „Aukrug", „Holsteinische Schweiz" und „Lauenburgische Seen" (Fremdenverkehrs- und Touristinformation siehe Adressenteil S. 186). In einem Naturpark steht nicht der Schutz der Natur im Vordergrund, sondern hier soll eine landschaftlich reizvolle Gegend für Fremdenverkehr und Erholung erschlossen werden. Meist finden wir hier ausgesprochen gute Radfahr- und Wandergebiete.

Naturschutzgebiete (NSGs)
siehe Schutzgebiete

Quallen
Diese Meeresbewohner, die bisweilen in erstaunlichen Mengen an Stränden und in Hafenbecken an der Ostsee angetrieben werden, sind in unseren Breiten überwiegend harmlos. Sie besitzen hoch differenzierte, im Tierreich einmalige Nesselzellen, mit denen sie sich verteidigen und Beute erwerben können. Bei den meisten Quallen können diese aber dem Menschen nicht gefährlich werden.

Radfahren

Das relativ flache und sanft hügelige Schleswig-Holstein eignet sich trotz der unerfreulichen Gegenwinde sehr gut zum Radfahren. Im Rahmen der Fremdenverkehrskonzeption „Sanfter Tourismus" soll das umweltfreundliche Radfahren im Land weiter gefördert werden. Radwegeausbau, ausreichende Beschilderung, Vorfahrt für Radfahrer und verbesserte Fahrradmitnahme in Bus (z. B. rund um den Westensee) und Bahn sind nur einige Punkte, die das Radfahren zwischen den Meeren noch attraktiver machen werden.
Ausgearbeitete Touren und Infos über Radfahren und organisierte Radtouren gibt es bei den Fremdenverkehrsverbänden und beim Allgemeinen Deutschen Fahrrad-Club (ADFC), Landesverband Schleswig-Holstein, Jeßstr. 25, 24012 Kiel, ☎ 04 31 / 6 31 90.

Reiten

Das Land zwischen den Meeren läßt sich auch auf dem Rükken der Pferde erkunden. Die Erstellung eines landesweiten Wegenetzes für Reiter ist geplant. Ein Spezialprospekt „Reiten" des Fremdenverkehrsverbandes informiert über Möglichkeiten, den Urlaub in Schleswig-Holstein im Sattel zu verbringen.

Restaurants

Von kulinarischen Top-Adressen bis zu einfachen Landgaststätten ist in Schleswig-Holstein alles vertreten. Auf den Touren wird man häufiger die Landgasthöfe, von denen es leider immer weniger gibt, antreffen. Der abgekämpfte Radfahrer oder durstige Wanderer sollte allerdings damit rechnen, daß diese oft flexible Ruhetage haben und am Nachmittag oder sogar über Mittag geschlossen sein können.

Rote Listen

Rote Listen der gefährdeten Tier- und Pflanzenarten dokumentieren die Gefährdungssituation der heimischen Flora und Fauna und haben sich zu einer wichtigen Argumentationshilfe in der Naturschutzpolitik entwickelt. Für Schleswig-Holstein liegen u. a. aktuell folgende Listen vor bzw. sind in Arbeit: Farn- und Blütenpflanzen, Mollusken, Heuschrecken, Schmetterlinge, Käfer, Süßwasserfische, Amphibien und Reptilien, Vögel und Säugetiere.

Schiffsverbindungen und -ausflüge
Von zahlreichen größeren und kleineren Häfen an der Ostsee werden viele Städte und Inseln in Dänemark angelaufen. Auch Tagestouren sind möglich (gültigen Ausweis nicht vergessen!). Von Kiel aus kann man direkt nach Norwegen, Schweden, Rußland und in die baltischen Länder gelangen.

Schleswig-Holstein Musikfestival (SHMF)
Intendant Justus Frantz lädt allsommerlich zum vielbesuchten Musikfestival mit großen Künstlern aus aller Welt ein. In Konzertsälen, Kirchen, Scheunen und Herrenhäusern bietet Europas größtes Klassik-Festival klassische Musik für Einsteiger und Kenner. Prospekte erhalten Sie beim Fremdenverkehrsverband Schleswig-Holstein und bei der Organisationsgesellschaft des SHMF, Hohenbergstr. 4, 24105 Kiel, und Holzdamm 40, 20099 Hamburg.

Schutzgebiete
Es gibt Nationalparks, Naturparks, Naturdenkmale, Landschaftsschutzgebiete (LSG) und Naturschutzgebiete (NSG): In *Nationalparks* werden großräumige, wenig beeinflußte Naturlandschaften mit herausragenden Landschaftselementen unter Schutz gestellt. In Schleswig-Holstein ist das Wattenmeer der Nordseeküste Nationalpark.
Naturparks siehe dort
Als *Naturdenkmale* werden besondere Einzelschöpfungen der Natur, wie z. B. Quellen, Kliffs, Alleen oder Einzelbäume geschützt.
LSGs dienen dem Schutz und Erhalt des Naturhaushalts und

der Vielfalt und Besonderheit des Landschaftsbildes u. a. aufgrund der besonderen Erholungseignung. Rund ein Drittel der Landesfläche ist als LSG ausgewiesen.
NSGs stellen die höchste Schutzkategorie des deutschen Naturschutzrechtes dar. In diesen Gebieten steht der besondere Schutz von Natur und Landschaft ganz im Vordergrund. Es gibt inzwischen über 150 NSG in Schleswig-Holstein.
Bestimmte Ökosystemtypen wie Sümpfe, Moore, Heiden, Dünen, Knicks usw. stehen aufgrund ihrer besonderen Gefährdung pauschal unter Schutz.

Segeln
Segeln und Surfen ist auf der Ostsee und auf diversen Binnengewässern möglich. Die Kieler Förde gilt als eines der schönsten Segelreviere der Welt, und die alljährlich stattfindende Kieler Woche ist eine der wichtigsten internationalen Segelsportveranstaltungen der Welt.

Tier- und Wildparks
Tierpark Gettorf, zwischen Kiel und Eckernförde,
☎ 0 43 46 /70 73;
Haustierschutzpark Warder, im Naturpark „Westensee",
☎ 0 43 29 / 10 77;
Tierpark Neumünster, ☎ 0 43 21 / 5 14 02;
Wildpark Trappenkamp, östlich von Neumünster,
☎ 0 43 28 / 14 30;
Wildpark Eekholt, 60 km südlich von Kiel bei Großenaspe,
☎ 0 43 27 / 3 86 und 2 60.

Touristen-Information und Fremdenverkehr
Fremdenverkehrsverband Schleswig-Holstein e.V., Niemannsweg 31, 24105 Kiel, ☎ 04 31 / 5 60 00 und 56 00 25/26.
Ostseebäderverband Schleswig-Holstein e. V., Vorderreihe 57, 23570 Lübeck, ☎ 0 45 02 / 68 63 und 42 22.
Presse- und Informationsstelle der Landesregierung Schleswig-Holstein, Landeshaus, 24105 Kiel, ☎ 04 31 / 5 96-2533-2591.

Kiel und Dänischer Wohld:
Kurverwaltung Schwedeneck, An der Schule 9, 24229 Schwedeneck,
☎ 04308/331
Tourist-Information Kiel e.V.; Sophienblatt 30 (Sophienhof), 24103 Kiel, ☎ 0431/679100
Handels-, Gewerbe- und Verkehrsverein Gettorf e.V., Abt. Fremdenverkehr, Alte Dorfstr. 15, 24214 Tüttendorf,
☎ 04346/5738

Mittelholstein:
Fremdenverkehrsgemeinschaft „Mittelholstein e.V.", Niedernstr. 6, 24589 Nortorf, ☎ 04392/4636
Fremdenverkehrsverein „Naturpark Aukrug", Bargfelder Str. 10, 24613 Aukrug, ☎ 04873/99944
Fremdenverkehrsamt Kellinghusen, 25543 Kellinghusen,
☎ 04822/3931
Fremdenverkehrsamt „Hüttener Berge", Schulberg 6, 24358 Ascheffel, ☎ 04353/813 und 860
Fremdenverkehrsverein Naturpark „Westensee", Rathaus, 24589 Nortorf, ☎ 04392/4866
Tourist-Information Neumünster, Großflecken, 24534 Neumünster, ☎ 04321/43280
Verkehrsverein von Rendsburg von 1972 e.V., Altes Rathaus, Altstädter Markt 7, 24768 Rendsburg,
☎ 04331/21120

Friedrichstadt:
Tourist-Information, Am Markt 9, 25840 Friedrichstadt,
☎ 04881/7240 und 1612
Fremdenverkehrsverein „Stapelholm", Hauptstr. 4,
25879 Süderstapel, ☎ 04883/1200

Umwelt- und Naturschutz
Naturschutzverbände:
Arbeitsgemeinschaft Geobotanik in Schleswig-Holstein und

Hamburg e. V., Biologiezentrum der Universität, Olshausenstr. 40, 24098 Kiel, ☎ 04 31 / 8 80-4285
Arbeitsgemeinschaft „Rettet Feuchtgebiete", Moltkestr. 40, 24937 Flensburg, ☎ 04 61 / 5 13 96
Bund für Umwelt- und Naturschutz Deutschland (BUND) Landesverband Schleswig-Holstein, Lerchenstr. 22, 24103 Kiel, ☎ 04 31 / 67 30 31
Faunistisch-Ökologische Arbeitsgemeinschaft (FÖAG), Biologiezentrum der Universität, Olshausenstr. 40, 24098 Kiel, ☎ 04 31 / 8 80-4155/56
Info-Zentrum Bergenhusen des NABU, Goosstroot 1, 24861 Bergenhusen, ☎ 0 48 85 / 5 70
Landesjagdverband Schleswig-Holstein e. V., Krusenrotter Weg 67, 24113 Kiel, ☎ 04 31 / 68 36 01
Landesnaturschutzverband Schleswig-Holstein e. V. (LNV), Burgstr. 4, 24103 Kiel, ☎ 04 31 / 9 30 27
Landessportfischerverband Schleswig-Holstein e. V., Hamburger Chaussee 102, 24113 Kiel, ☎ 04 31 / 69 49 23
Landesumweltschutzverband Schleswig-Holstein (LUSH) e. V., Friedrichstal 32, 24939 Flensburg, ☎ 04 61 / 4 58 00
Naturschutzbund Deutschland (NABU) Landesverband Schleswig-Holstein, Carlstr. 169, 24537 Neumünster, ☎ 0 43 21 / 5 37 34
Ornithologische Arbeitsgemeinschaft für Schleswig-Holstein und Hamburg e. V., Biologiezentrum der Universität, Olshausenstr. 40, 24098 Kiel, ☎ 04 31 / 8 80-4503
Touristenverein „Die Naturfreunde", Limkath 5, 24782 Büdelsdorf, ☎ 0 43 31 / 3 25 88.
Verein Jordsand zum Schutze der Seevögel und der Natur e. V., „Haus der Natur", Wulfsdorf, 22926 Ahrensburg, ☎ 0 41 02 / 3 26 56

Wandern
In vielen Feriengebieten gibt es inzwischen ein gut ausgebautes und markiertes Wanderwegenetz. Über die Fern- und Hauptwanderwege in Schleswig-Holstein informiert die

Wanderbewegung Norddeutschland e. V., Große Reichenstr. 27, 20457 Hamburg, ☎ 0 40 / 32 73 23.
Infos über geführte Wandertouren gibt es beim Ostseebäderverband und Fremdenverkehrsverband Schleswig-Holstein.

Wassersport
Bei dem Gewässerreichtum Schleswig-Holsteins kommen die Freunde des nassen Elements voll auf ihre Kosten. An den Stellen, wo Gewässer oder einzelne Uferbereiche aus Gründen des Naturschutzes gesperrt sind, sollten Wasser- und Naturfreunde die Einschränkungen auf jeden Fall respektieren. Ein Prospekt des Fremdenverkehrsverbandes Schleswig-Holstein informiert über Wassersportmöglichkeiten an und zwischen den Meeren.

Zecken
Unliebsame Plagegeister, die sich am Naturwanderer gerne festmachen und ansaugen. Über mögliche Gesundheitsgefahren durch Zeckenstiche informiert ein Faltblatt des Ministers für Arbeit, Soziales, Jugend, Gesundheit und Energie Schleswig-Holsteins (siehe Ministerien und Behörden).

Literatur und Karten

Schleswig-Holstein

Bähr, J. & G. Kortum (1987): Schleswig-Holstein – Eine landeskundliche Einführung. Samml. Geograph. Führer 15, 1–54, Gebr. Borntraeger, Berlin, Stuttgart.

Breuer, H. & J. R. Prüß (Hrsg.) (1990): Schleswig-Holstein. VSA, Hamburg, 278 S.

Degn, C. & U. Muuß (1984): Luftbildatlas Schleswig-Holstein und Hamburg. Wachholtz, Neumünster, 240 S.

Dreves, P. (Hrsg.) (1992): 1000 Ausflugsziele in Schleswig-Holstein. Dreves, Rendsburg, 6. Aufl., 147 S.

Dreves, P. (Hrsg.) (1990): Die Museen in Schleswig-Holstein. Dreves, Rendsburg, 170 S.

Eckert, G. (1989): Schleswig-Holstein von A–Z. Weidlich, Würzburg, 255 S.

Erfurt, H.-J. & V. Dierschke (1992): Oehe-Schleimünde – Naturschutzgebiet an der Ostseeküste Schleswig-Holsteins. Seevögel Bd. 13, Sonderheft 1, S. 1–104.

Jessel, H. (1992): Schleswig-Holstein. Ellert & Richter, Hamburg, 96 S.

Kamphausen, A. (1977): Schleswig-Holstein – Land der Küste. Glock und Lutz, Heroldsberg, 352 S.

Koch, H. J. (1977): Schleswig-Holstein. DuMont, Köln, 14. Aufl, 322 S.

Koch, J. H. & H.-J. Löwer (1993): Schleswig-Holstein. Edition Erde, Nürnberg, 467 S.

Kürtz, H. J. & J. Kürtz (1985): Schleswig-Holstein. dtv Merian, München, 272 S.

Muuß, U. & M. Petersen (1978): Die Küsten Schleswig-Holsteins. Wachholtz, Neumünster, 132 S.

Neuschäfer, H. (1989): Schleswig-Holsteins Schlösser und Herrenhäuser. Husum Druck- und Verlagsgesellschaft, Husum, 310 S.

Rhode, J. E. (1987): Schleswig-Holstein Lexikon für Freizeit und Tourismus. H. Möller Söhne, Rendsburg, 124 S.

Rosbach, H. (1987): Schleswig-Holsteinisches Hausbuch.

Rombach, Freiburg im Breisgau, 5. Aufl., 640 S.

Schmidt, G. A. J. & K. Brehm (1974): Vogelleben zwischen Nord- und Ostsee. Wachholtz, Neumünster, 280 S.

Einzelregionen und Städte
Dittrich, K. & M. Pasdzior (1993): Holsteinische Schweiz und Ostseeküste. Ellert & Richter, Hamburg, 288 S.

Presseamt der Landeshauptstadt Kiel (Hrsg.) (1992): Kiel Journal – Das Magazin zum Stadtjubiläum. Kiel, 208 S.

Stolz, G. (1988): Kulturlandschaft zwischen Schlei und Nord-Ostsee-Kanal. Eckernförde, 162 S.

Vollmer, H. (1986): Der Dänische Wohld. Heinrich Möller Söhne, Rendsburg, 48 S.

Geschichte, Geographie, Geologie
Bähr, J & G. Kortum (Hrsg.) (1987): Schleswig-Holstein, Gebr. Borntraeger, Berlin u. Stuttgart, 350 S.

Eckert, G. (1985): Schleswig-Holsteins Geschichte entdecken und erleben. Husum Druck- u. Verlagsges. Husum, 113 S.

Salomon, E. v. (1975): Deutschland deine Schleswig-Holsteiner. Rowohlt, Reinbek, 155 S.

Scharff, A. & M. Jessen-Klingenberg (1984): Geschichte Schleswig-Holsteins, Ploetz, Freiburg u. Würzburg, 5. Aufl, 144 S.

Schlenger, H.; K.-H. Paffen & R. Stewig (Hrsg.) (1969): Schleswig-Holstein – Ein geographisch-landeskundlicher Exkursionsführer. Hirt, Kiel, 359 S.

Schmidke, K.-D. (1992): Die Entstehung Schleswig-Holsteins. Wachholtz, Neumünster, 128 S.

Zölitz, R. (1989): Landschaftsgeschichtliche Exkursionsziele in Schleswig-Holstein, Wachholtz, Neumünster, 168 S.

Wandern und Radfahren
Eckert, G. (1976): Rundwanderungen Kiel–Flensburg. Fink, Stuttgart, 105 S.

Eckert, G. (1981): Das Schleswig-Holstein Wanderbuch. BLV, München, 159 S.

Engmann, O. (1981): Wegweiser für Wanderer im Kreis Rendsburg – Eckernförde Band 1 Nördliches Kreisgebiet, H. Möller Söhne, Rendburg, 77 S.

Engmann, O. (1982): Wegweiser für Wanderer im Kreis Rendsburg – Eckernförde Band 2 Südliches Kreisgbiet. H. Möller Söhne Rendsburg, 168 S.

Europäischer Wanderverein Stuttgart (1975) (Hrsg.): Europäischer Fernwanderweg 1

Flensburg–Genua. J. Fink – Kümmerly u. Frey, Stuttgart, 126 S.

Scherping, J. (1992): Radwandern in Schleswig-Holstein. Hayit, Köln, 246 S.

Naturkunde, Natur- und Umweltschutz

Dierßen, K. (1988): Rote Liste der Pflanzengesellschaften Schleswig-Holsteins. Schr.reihe Landesamt Natursch. u. Landschaftspfl. Schl.-Holst. Heft 6, S. 1–157.

Emeis, W. (1950): Einführung in das Pflanzen- und Tierleben Schleswig-Holsteins. H. Möller Söhne, Rendsburg, 181 S.

Heydemann, B. (1973): Biologie des Küstenlandes der Ostsee unter dem Einfluß des Menschen. Faun.-ökol. Mitt. 4, S. 319–334

Heydemann, B. & J. Müller-Karch (1980): Biologischer Atlas Schleswig-Holstein, Lebensgemeinschaften des Landes. Wachholtz, Neumünster, 263 S.

Jedicke, L. & E. Jedicke (1989): Naturdenkmale in Schleswig-Holstein. Landbuch, Hannover 176 S.

Jüdes, U.; E. Kloehn; G. Nolof & F. Ziesemer (Hrsg.) (1988): Naturschutz in Schleswig-Holstein. Wachholtz, Neumünster, 292 S.

Kuschert, H. (1983): Wiesenvögel in Schleswig-Holstein. Husum Druck- u. Verlagsgesellschaft, Husum, 120 S.

Leithe-Eriksen, R. (Hrsg.) (1992): Die Ostsee. Greenpeace Communications Limited, RVG-Interbook Verlagsgesellschaft, 144 S.

Landesamt für Naturschutz und Landschaftspflege Schleswig-Holstein (Hrsg.) (1991): Beiträge zu Naturschutz und Landschaftspflege 1987–1991. Kiel, 255 S. (auch für 1979–1983 und 1983–1987)

Liedl, F; K.-M. Weber & U. Witte (1992): Die Ostsee – Meeresnatur im ökologischen Notstand. Die Werkstatt, Göttingen, 187 S.

Marquardt, G. (1950): Die Schleswig-Holsteinische Knicklandschaft. Schr. d. Geogr. d. Inst. Univ. Kiel 13 (3), 90 S.

Meier, O. G. (Hrsg.) (1985): Die Naturschutzgebiete des Kreises Rendsburg-Eckernförde und der Stadt Neumünster. Westholsteinische Verlagsanstalt Boyens & Co., Heide, 160 S.

Meier, O. G. (Hrsg.) (1988): Die Naturschutzgebiete im Kreis Plön und in der Stadt Kiel. Westholsteinische Verlagsanstalt Boyens & Co., Heide, 233 S.

Muuß, U; M. Petersen & D. König (1973): Die Binnengewässer

Schleswig-Holsteins. Wachholtz, Neumünster, 156 S.

Ornithologische Arbeitsgemeinschaft für Schleswig-Holstein und Hamburg (Hrsg.) (1990): Die Vogelwelt Schleswig-Holsteins Band 1: Seetaucher bis Flamingo. Wachholtz, Neumünster, 236 S. (Weitere Bände über Greif- und Entenvögel)

Reinke, J. (1903): Botanisch-geologische Streifzüge an den Küsten des Herzogtums Schleswig. Wiss. Meeresunters. (Komm. Kiel) 8 (Erg.Heft), S. 1–157.

Rhode, J. E. (1979): Naturwunder Küste. Ringier, Zürich/München, 224 S.

Riedel, W. & U. Heintze (Hrsg.) (1987): Umweltarbeit in Schleswig-Holstein. Wachholtz, Neumünster, 260 S.

Karten
Kompass-Radwanderkarte Schleswig-Holstein; 1 : 20 000.

Wandern und Erholen im Kreis Rendsburg-Eckernförde, Blatt Süd Landesvermessungsamt Schleswig-Holstein, Kiel; 1 : 50 000.

Kreis Rendsburg-Eckernförde – Naturschutz, Landesvermessungsamt und Landesamt für Naturschutz und Landschaftspflege, Kiel; 1 : 100 000

Kompass-Wanderkarte (u. Radwanderwege) Rendsburg-Eckernförde; 1 : 50 000.

ADFC-Radtourenkarte Radwandern in Mittelholstein, Radwanderkarte mit Begleitheft; 1 : 50 000

ADFC-Radwanderkarte Westensee, Dänischer Wohld und Hüttener Berge, Radwanderkarte mit Tourenbeschreibungen; 1 : 50 000

Ortsregister

Seitenzahlen, die mit einem zusätzlichen (R) oder (W) versehen sind, bezeichnen eine Rad- bzw. Wandertour

Aas See 41
Achterwehr 73, 75, 94, 96
Ahlefeld 57, 59, 60, 68, 69
Ahrensburg 5, 12
Ahrensee 81, 83, 94, 95, 96
Ahrensee und Nordöstlicher Westensee (NSG) 81, 83, 95
Altbülk 128
Alte Eider 73
Alte Sorge 153
Alte Sorge-Schleife (NSG) 153
Altenhof 111, 112, 175
Alter Eiderkanal (R) 72 ff., 74 (Abb.), 124
Altmühlendorf 102
Angeln 16, 111, 165
Apenrade 61, 63 (Abb.)
Aschberg 49, (W) 59, 63 (Abb.), 69
Ascheffel 60, 65, 69, 70
Aukrug 145 ff.

Bargfeld 145
Barkelsby 44
Bergenhusen 150 ff., 151 (Abb.), 165
Bewaldete Düne bei Noer (NSG) (W) 113 ff.
Birkenmoor 12, 128
Bistensee (Ort) 57, 68
Bistensee (See) 49, 52, (W) 57 ff., 60, 65
Blotenberg 78
Blumenthal 100, 101, 164
Böelschuby 165
Bokelholmer Fischteiche (NSG) 77, 82, 88
Böken 145
Bordesholm 78, 82, 142
Bordesholmer See 142
Bornhöved 19, 20
Bossee 86, 96, 100
Bovenau 73

Boxberg 147, 148
Brahmsee (R) 100 ff.
Bramau 148
Brandsbek 96
Bredenbek 72, 73
Brekenberg 69
Brekendorf 16, 49, 65, 69
Brekendorfer Forst 69
Brunsbüttel 53, 72, 123 (Abb.), 125
Brux 100, 104
Büdelsdorf 53, 57
Bülk 112
Bungsberg 175
Bünsdorf 69, 72, 73, 76
Bünzen 145

Colsrakmoor 153

Damendorf 65, 68, 70
Damp 25, 32, 40, 42, 43
Danewerk 20
Dänisch-Nienhof 112, 113, (W) 118 ff., 119 (Abb.), 127, 128
Dänischenhagen 112, 127, 129
Dänischer Wohld 33, 36, 48, 49, 111 ff., 119 (Abb.), (R) 127 ff.
Dätgen 82
Deutsch-Nienhof 80, 164
Dieckendörn 89
Dithmarschen 165
Dörpsee 104
Dörpstedt 150
Dosenmoor (NSG) 82, 138 ff., 139 (Abb.), (W) 140 ff.
Düppeler Schanzen 23
Duvenstedt 65
Duvenstedter Berge 13, 16, 49
Duvenstedter Moor 52

Eckhof 112
Eckerholm 121

Eckernförde 33 ff., 34/35 (Abb.),
37, (R) 39 ff., 48, 60, 65, 69,
70, 111, 112, 113, 118, 127,
170 ff.
Eckernförder Bucht 26/27 (Abb.),
31, 33, 37, 39, 40, 42, 48, 61, 111,
113, 115
Eider 18, 19, 20, 21, 53, 72,
74 (Abb.), 75, 81, 95, 96, 112, 150,
155, 175
Eider Ringkanal 74 (Abb.), 75
Eider-Kanal 5, 18, 53, 55, 72, 81
Eiderstedt 165, 174
Einfeld 140
Einfelder See (NSG) 82, 142
Ekhöft 94, 100
Elbe 20, 72, 123 (Abb.), 148
Elbmarschen 165
Emkendorf 8, 21, 22 (Abb.), 80, 81,
(W) 88 ff., 104, 175
Erichshof 44
Esprehmer Moor 52

Fehmarn 165, 168, 174, 175
Fehmarnsund 174
Felde 94, 96
Felm 127, 132
Felmerholz 132
Flemhude 75, 81
Flemhuder See 16, 74 (Abb.), 75
Flensburg 5, 12, 13, 48, 78
Fockbeker Moor 52
Fresenboje 68
Friedrichstadt 150, 155 ff.,
158 (Abb.)
Fröruper Berge 13
Fuhlensee 129

Gast 40
Gettorf 112, 127, 130 (Abb.),
132, 134
Glasberg 147
Goosefeld 65, 70
Graswarder bei Heiligenhafen 10
Grönwohld 112
Groß Vollstedt 100, 102
Groß Wittensee 58, 65,
66/67 (Abb.), 70, 72
Groß Wittenseer Moor (NSG) 52,
66/67 (Abb.), 68
Großer Plöner See 175

Großer Schierensee (W) 82 ff.,
100, 101
Großkönigsförde 17, 75, 76
Großnordsee 73, 75
Großwaabs 42
Grube 165
Gruhl 76

Haby 65, 72
Habyer Au 52, 65
Haithabu 20, 53, 72
Hamburg 48
Haßmoor 89
Haustierschutzpark Warder 160 ff.,
162 (Abb.)
Hemmelmark 40
Hemmelmarker See 40
Herzhorn 168
Hohenhain 112
Hohenhude 75, 81, 83, 94, 95
Hohenlieth 112
Hohenstein 40
Hohenwestedt 145, 148
Holzbunge 57
Homfeld 145
Hummelfeld 70
Husum 155, 174
Hütten 49, 70, 111

Idstedt 21
Innien 145
Itzehoe 145

Jägerlust (NSG) 52, 75
Jellenbek 116, 131 (Abb.)
Jürgensrade 70

Kaiser-Wilhelm-Kanal 23, 55, 108
Kaltenhof 128, 129, 132
Kaltenhofer Moor (NSG) 113, 129
Kappeln 42
Karlsminde 40, 41, 42
Kellinghusen 147, 148
Kiel 21, 23, 33, 39, 48, 53, 55, 61,
78, 93, 105 ff., 106 (Abb.),
107 (Abb.), 111, 113, 118, 121, 124,
127, 128, 140, 164, 170 ff.
Kiel-Holtenau 55, 72, 121,
123 (Abb.), 124
Kiel-Schilksee 109
Kiel-Wik 125

Kieler Berg 78
Kieler Bucht 25, 115, 118
Kieler Förde 20, 105, 109, 111, 123 (Abb.), 125, 127, 128, 129, 186
Kirchhorst 68
Klein Felmerholz 132
Klein Vollstedt 102
Klein Wittensee 68
Kleiner Schierensee (W) 82 ff., 95, 100
Kleinkönigsförde 73, 74 (Abb.)
Kluesbarg 147
Kluvensiek 73
Knoop 112, (W) 121 ff., 122 (Abb.), 124, 175
Königsau 20
Kremper Marsch 168
Krück 132
Krummwisch 73
Krusendorf 112, 113, 127, 128, 131 (Abb.)

Laboe 109, 128
Landwehr 72, 75, 132
Langenkamp 70
Langhorst 70
Langsee 16
Langwedel 100, 101, 160
Langwedeler Holz 101
Lauenburg 165
Lehmberg 41, 69
Lehmbergstrand 41
Lehmsiek 70
Limes Saxoniae 20
Lohburg 100
Loosau 42
Loose 39, 42
Lübeck 148
Ludwigsburg 39, 40, 41, 42

Mariannenhof 112
Marienfelde 128
Marutendorf 95
Meldorf 93
Methorst 89
Methorst und Rümlandteich (NSG) 82, (W) 88 ff.
Methorstteich 90/91 (Abb.)
Möglin 73
Molfsee 164 ff., 166 (Abb.), 167 (Abb.)

Moorkamp 73
Mühbrook 142
Mühlenau 102

Naturpark Aukrug 48, 82, 145 ff., 146 (Abb.), 183
Naturpark Holsteinische Schweiz 183
Naturpark Hüttener Berge 6/7 (Abb.), 13, 16, 36, 48 ff., 50/51 (Abb.), 61, 62/63 (Abb.), (R) 65 ff., 68, 111, 183
Naturpark Lauenburgische Seen 183
Naturpark Westensee 48, 78 ff., (W) 86 ff., (W) 88 ff., 90/91 (Abb.), 145, 160, 164, 183
Neumünster 78, 82, 138 ff., 139 (Abb.), 140, 142, 145, 172
Noer 31, 112, 114 (Abb.), 115, 116
Nord-Ostsee-Kanal 5, 16, 18, 23, 48, 52, 53 ff., 54 (Abb.), (R) 72 ff., 74 (Abb.), 81, 105, 107 (Abb.), 108, 111, (W) 121 ff., 175
Norderhake 37
Norderstapel 150
Nordfriesland 9, 165
Nortorf 82

Oeversee 23
Osdorf 127
Osterby 70
Osterrade 73
Ostholstein 165
Owschlag 48, 52, 57, 60

Panamakanal 55
Probstei 165
Profit 70
Projensdorf 124

Rammsee 16, 49, 69
Ratzeburger See 175
Rendsburg 5, 12, 48, 52, 53, 55, 57, 72, 76, 78, 145, 150, 155
Rerik 20
Revensdorf 75
Rheide 150
Rieseby 42, 44
Riga 36
Ripen 20
Rosenkranz 75, 112

Ortsregister 197

Rotensande 42
Rumohr 95
Rurup 165, 167 (Abb.)

Saxtorf 44
Schaalsee 175
Scharnhagen 128
Scheelsberg 49, 61, 69
Scheidekrug 101
Schierensee (Ort) 101
Schierensee (See) 80, 82, 86, 98/99 (Abb.), 100, 101
Schierenseebach 95
Schilksee 128, 129
Schinkel 75
Schlei 18, 20, 48, 52, 53, 72, 174
Schleimündung 10
Schleswig 20, 21, 37, 39, 48, 61, 165, 174
Schleswig Holsteinischer Kanal 53
Schnaap 37
Schönwohld 95, 96
Schulensee und Umgebung (NSG) 111
Schwansen 36, 43 (Abb.), 49, 111
Schwansener See 10, 32, 118
Schwedeneck 113
Seeberg 42
Sehestedt 72, 73, 76, 111, 112
Selenter See 175
Skagen 53
Söby 42
Sønderborg 23
Sören 101
Sorge 150
Sorge-Niederung 150 ff.
Sorgwohlder Binnendünen 52
Spann 68
Spieljunken Wiesen 153
Sprenge 112, 118
Stapelholm 165
Steinrade 73
Steinwarder bei Heiligenhafen 10
Stoffsee 73
Stohl 113, 118, 128
Stör 148

Strande 113, 118, 127, 128
Strohbrück 74 (Abb.)
Sturenhagen 129
Süderbrarup 165
Suezkanal 55
Surendorf 113, 118, 128
Swentanafeld 19

Teschendorf 168
Tondern 148
Tönning 155
Treene 18, 20, 53, 72, 150, 155
Tröndelsee und Umgebung (NSG) 111
Tüteberg 11 (Abb.), 16, 49, 78, (W) 86 ff.
Tüttendorf 132

Uhlenhorst 129
Unterer Schierenseebach 83

Vilnius 37
Vollstedter See 104

Waabs 25, 39, 42
Wakendorf 73
Warder 100, 101, 102, 160
Wardersee (R) 100 ff., 102
Wennebeker Moor (NSG) 82
Wentorf 76
Westensee (Ort) 75, 78, 79 (Abb.), 81, 86, 94, 100, 104
Westensee (See) 8, 9, 11 (Abb.), 13, 15, 16, 21, 75, 80, 81, (W) 82 ff., (W) 86 ff., (R) 94 ff., 98/99 (Abb.), (R) 100 ff., 102, 104, 172, 175
Westufer des Einfelder Sees (NSG) 142
Wilster 175
Windeby 39, 65
Windebyer Noor (W) 37 ff.
Wittensee 16, 49, 52, 65, 66/67 (Abb.), 68, 69, 72, 76, 175
Witzwort 165
Wrohe 82, 83, 84, 94, 100
Wulfshagen 112, 132

Thomas Mann war da. Emil Nolde auch.

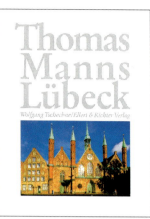

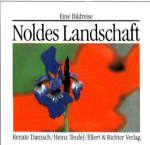

Das Buch ist eine spannende Reise durch die alte Hansestadt auf den Spuren des großen Lübeckers Thomas Mann und seiner literarischen Gestalten.
ISBN 3-89234-224-5   DM 24,80

Die Heimat Emil Noldes, das nördliche Schleswig-Holstein, wurde von Heinz Teufel stimmungsvoll fotografiert: endlose Horizonte und üppige Bauerngärten.
ISBN 3-89234-142-7   DM 19,80

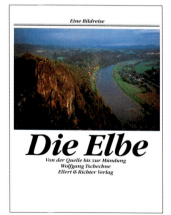

Die Elbe ist nicht nur ein wunderschönes Stück Natur, sondern auch bedeutsam für Geschichte und Politik. Bilder und ein informativer Text illustrieren dies.
ISBN 3-89234-278-4   DM 19,80

Die romantischen Motive C. D. Friedrichs aus der Sicht eines Fotografen von heute: Vieles kennt man aus seinen Gemälden, doch es gibt auch Überraschungen…
ISBN 3-89234-297-0   DM 19,80

Der Norden: Mehr als Meer.

Traditionsreiche Städte und Seebäder, Inseln, Halbinseln und Seen sind charakteristisch für Mecklenburg-Vorpommern. Ein verloren geglaubtes Paradies...
ISBN 3-89234-273-3   DM 19,80

Das nördlichste deutsche Bundesland ist geprägt von Küste, Waldgebieten, Seen und wunderschönen Städten. Hans Jessel stellt das Land in Bildern und Texten vor.
ISBN 3-89234-291-1   DM 19,80

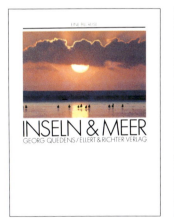

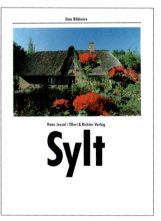

Ein eindrucksvolles Porträt der deutschen Nordseeinseln und Halligen: ihre Tierwelt und Landschaft, der Alltag ihrer Bewohner gestern und heute.
ISBN 3-89234-152-4   DM 19,80

Sylt – eine faszinierende, von Gegensätzen geprägte Insel: lebendige Seebäder und stille Orte, Tourismus und Tradition – vorgestellt von dem Sylter Hans Jessel.
ISBN 3-89234-303-9   DM 19,80

Impressum

Titelabbildung: Reetdachhaus in Großwittensee
Text und Bildlegenden: Hans-Dieter Reinke, Boksee
Lektorat: Dorothee v. Kügelgen, Hamburg
Wanderkarten: machART, Hamburg
Aus: H. Schlenger u. a. (Hrsg.), Schleswig-Holstein – Ein geographisch-landeskundlicher Exkursionsführer, 2. A. Kiel 1970: S. 14/15
Alle anderen Karten: Studio für Landkartentechnik Detlef Maiwald, Norderstedt
Gestaltung: Hartmut Brückner, Bremen
Satz: Fotosatz Wahlers, Langwedel
Lithographie: Lithographische Werkstätten Kiel, Kiel
Druck: C. H. Wäser, Bad Segeberg
Bindung: S. R. Büge, Celle

Fotos:
Fremdenverkehrsverband Schleswig-Holstein, Kiel: S. 34/35
Hans Jessel, Keitum/Sylt: S. 22 o.
Bildarchiv Preussischer Kulturbesitz, Berlin: S. 22 u.
Hans Dieter Reinke, Boksee: S. 6/7, 11, 26/27, 30 o. und u., 43, 50/51, 54, 62, 63, 66/67, 74 o. und u., 79, 90/91, 98/99, 106, 107 o. und u., 114, 119, 122, 123, 130, 131, 139, 146, 151, 158, 162, 167 o. und u.

Die Deutsche Bibliothek – CIP-Einheitsaufnahme
Reinke, Hans-Dieter: Die Ostseeküste von Eckernförde bis Kiel / Hans-Dieter Reinke. –
Hamburg: Ellert und Richter, 1994
(Ellert-&-Richter-Reise-und-Naturführer)
ISBN 3-89234-517-1
NE: HST

© Ellert & Richter Verlag, Hamburg 1994
Alle Rechte vorbehalten, insbesondere die der Reproduktion und Speicherung durch Datenverarbeitungsanlagen. Nachdruck, auch auszugsweise, nur mit Genehmigung des Verlags.
Alle Angaben in diesem Reiseführer sind mit Sorgfalt zusammengestellt worden, jedoch ohne jegliche Gewähr. Redaktionelle Angaben:
Stand Februar 1994